Joy Delima

Komm doch mal

aufbau

Joy Delima, geboren 1994, ist Schauspielerin, Theatermacherin und Kolumnistin für die niederländische Zeitschrift *Volkskrant*. Sie spielt Theater und hatte Hauptrollen in den Netflix-Produktionen »Dirty Lines« und »Happy Ending«.

Janine Malz, geboren 1984, ist freiberufliche Literaturübersetzerin aus dem Englischen, Italienischen und Niederländischen. Sie unterrichtet im M.A. Studiengang Literarisches Übersetzen an der LMU und engagiert sich im Münchner Übersetzer-Forum e.V. sowie im Verein deutschsprachiger LiteraturübersetzerInnen (VdÜ).

»Aber wenn wir so viele waren und es so viel Redebedarf gab, warum zum Henker redeten wir dann nie darüber? Wo waren die echten Sexgeschichten?«

In ihren pointierten Kurzessays nimmt die Schauspielerin Joy Delima uns mit auf schreckliche erste Dates, in ihre typische Schulzeit als Millennial und unter die eigene Dusche. Wenn sie von einem Pizza-Date mit einem süßen Italiener erzählt, das durch ihren Reizdarm vorzeitig beendet wird, oder uns Einblicke in ihre emotionalen Therapiestunden gibt, muss man einfach lachen. Aber die ernsthaften Themen schwingen immer mit: Es geht um die Scham und die Angst, die auf Frauen und Menschen mit Vulva lastet, wenn sie versuchen, Bedürfnisse zu kommunizieren und Grenzen zu setzen, um die Orgasmuslücke (bei heterosexuellen Paaren kommen 92 Prozent der Männer beim Sex immer zum Höhepunkt, aber nur 36 Prozent der Frauen), den Einfluss von Pornokonsum und, vor allem, um die mangelnde Aufklärung über den weiblichen Körper. So untersucht sie konsequent die Auswirkungen der weiblichen Sozialisation anhand ihrer eigenen. Mit ihr erleben wir, was so viele Frauen und LGBTIQ* erleben müssen: Slutshaming, ständige Grenzüberschreitungen und sexualisierte Übergriffe.

Joy Delima

Komm doch mal

Über Einvernehmlichkeit, weibliche Lust-Scham und alles andere, was ich gerne früher gewusst hätte

Aus dem Niederländischen
von Janine Malz

aufbau

Die Originalausgabe unter dem Titel
Goed komen. Een seksuele queeste
erschien 2023 bei Uitgeverij De Arbeiderspers, Amsterdam.

Diese Publikation wurde ermöglicht dank der Förderung
durch die Dutch Foundation for Literature.

Nederlands letterenfonds
dutch foundation
for literature

MIX
Papier | Fördert gute Waldnutzung
FSC® C083411

ISBN 978-3-351-04230-1

Aufbau ist eine Marke der Aufbau Verlage GmbH & Co. KG

1. Auflage 2024

www.aufbau-verlage.de
10969 Berlin, Prinzenstraße 85

Umschlaggestaltung zero-media.net, München
nach einem Design von © WOAU
Satz LVD GmbH, Berlin
Druck und Binden CPI books GmbH, Leck, Germany

Printed in Germany

Inhalt

Vorspiel

Wenn ich leicht zum Höhepunkt käme, wäre dieses Buch wahrscheinlich nie entstanden. Dann gehörte ich vielleicht auch zu den Glücklichen, von denen alle sagen, *sie strahlen so*. Ich kenne so eine aus Amsterdam Oud-Zuid, die schon von der Vibration ihres eigenen Pupses zweimal kommt. Als ich ihr erzählte, dass ich fast nie beim Sex komme, war ihre Reaktion nur:

»O wow, echt? Na ja, vom Lecken kommen finde ich echt *supi* und so, aber ich komme lieber gleichzeitig bei der Penetration.«

Ich war mir nicht sicher, ob ich eifersüchtig war oder einfach nur voller Bewunderung, dass es jemanden wie sie gab. Wie weit musste das eigene Sexleben von der Realität des Durchschnitts abweichen, wenn das das Erste war, was einem dazu einfiel? Ich habe sie neulich nach Jahren bei einer Gala im Nederlands Dans Theater wiedergesehen.

Sie strahlt noch immer.

Lange habe ich geglaubt, alle Frauen seien wie sie, und jede:r in einer Beziehung hätte ein erfülltes Sexleben. Was macht man auch sonst zusammen? Menschen haben Sex, und dazu gehört nun mal ein Orgasmus. Jeder Körper kann kommen, nur meiner nicht, was heißt, er ist defekt. Es klingt vielleicht naiv, aber dazu muss man wissen, dass ich nie wirklich jemanden hatte, mit dem ich über Sex reden konnte, und dass ich nie wirklich aufgeklärt wurde, außer vielleicht darüber, wie die Befruchtung einer Eizelle funktioniert und wie man ein Kondom verwendet. Die Teenager und jungen Twenty-Somethings, die ich kannte und die darüber redeten, sprachen immer davon, wie großartig Sex sei. Dass dabei auch mal was schiefgehen oder nicht funktionieren würde oder meine Vagina furzen kann, hat mir nie jemand erzählt. In ihren Erzählungen klang es immer nach einem großen Feuerwerk der Lust und Begierde, und ich wollte unbedingt mitreden können. Als ich endlich Sex hatte und zu ihrem erlauchten Kreis gehörte, erzählte ich, es sei »fucking nice« gewesen. Ich glaube, einmal habe ich sogar behauptet, ich könnte squirten, dabei hätte ich nicht einmal sagen können, wo mein G-Punkt lag. Mein Sex war also nicht fucking nice. Er war ziemlich oft fucking beschissen.

Mit zwanzig bereiteten meine damalige Klasse und ich an der Theaterakademie unsere Abschlussaufführung vor.

»Schreibt einen Text über eure tiefsten Ängste, und lest ihn der Klasse vor«, sagte der Regisseur. Und das taten wir.

Im entscheidenden Moment sah mich die Klasse, der ich seit vier Jahren angehörte, erwartungsvoll an. Mein Text begann damit, dass ich von meinen Urängsten erzählte. Davon, dass ich früher schwer gemobbt worden war und wie ich mich seither hasste und fürchtete, niemand würde mich je lieben, sollten meine Eltern und meine Schwester sterben. Das war zwar nicht gelogen, aber ich schleppte dieses Gefühl seit meiner Kindheit mit mir herum. Ich kannte es und trug meinen Text daher relativ nüchtern vor. Es kam erst Bewegung in die Sache, als ich mich bereits dem Ende näherte und plötzlich heftig weinend mein größtes Geheimnis preisgab:

»Ich habe einfach Angst, dass ich niemals in der Lage sein werde, Sex zu genießen, wisst ihr? Dass ich keine richtige Frau bin und das auch nie sein werde, weil ich nicht komme.«

Ich weinte peinlich drauflos, während meine Klassenkamerad:innen, die vor mir an der Reihe gewesen waren, ungerührt von ihren toten Eltern oder ihren Augenkrankheiten erzählt hatten, deretwegen sie vielleicht irgendwann erblinden würden. Aber ich konnte nichts daran ändern: Meine allergrößte Angst war damals, irgendjemand würde entdecken, dass ich nicht imstande war zu kommen. Nur mein damaliger Freund, mein Ex und ich wussten davon. Und nun dreizehn andere Menschen, inklusive des Regisseurs, der mich fragte, ob ich mir vorstellen könne, einen Monolog über meine Angst zu schreiben und diesen in der Aufführung vorzutragen. Vor Publikum. In Anwesenheit meiner Mutter, meiner Schwester, meines Vaters, der Mutter und der Schwester meines Freunds, meiner Dozent:innen und jüngeren Kommiliton:innen, die damals noch ein wenig zu mir aufschauten.

»Okay«, piepste ich. »Ich mach's.«

Wochen später stand ich auf der Bühne bei unserer Premiere, und meine Familie saß natürlich in der ersten Reihe. Mein Monolog begann mit einer Figur, die verdächtig der Glücklichen aus Oud-Zuid ähnelte, obwohl ich sie damals noch nicht mal kannte. Ich spielte eine Frau, die erzählte, wie oft sie am Tag zuvor gekommen war, beim Sex, aber auch beim Kuchenessen und anderen Dingen, die nichts mit Sex zu tun hatten. Während die Frau das alles erzählte, kam sie erneut, weil sie so ein orgiastisches Wesen war. Und gerade, als sie kam, unterbrach ich den Monolog mit den folgenden Sätzen: »Ich bin Joy, und ich bin wütend. Denn das ist nicht meine Geschichte, sondern die einer Person, die sie nicht selbst erzählen kann.«

Danach spielte ich mich selbst und gestand alles. Dass ich nicht imstande bin zu kommen, wie mir nach der Penetration die Vagina wehtut, erzählte von der Scham und der Einsamkeit. Ich löste mich ein für alle Mal aus dem Klammergriff, in dem mich das Geheimnis all die Zeit gefangen gehalten hatte. Zum ersten Mal fühlte ich mich frei. Als ich nach der Aufführung ins Foyer wankte, ängstlich vor der Reaktion auf meinen Monolog, stand plötzlich eine nervöse junge Frau vor mir.

»Ich wollte dir nur kurz sagen, dass ich mich total in deiner Geschichte wiedererkenne. Mir geht's genauso. Wie schön, das auch mal von anderen zu hören.«

What the fuck?

Kurz darauf tippte mir ein Junge an die Schulter. »Meine Freundin hat damit auch ihre Schwierigkeiten, also mit dem Kommen. Aber wir versuchen es weiter. Irgendwann findest du bestimmt jemanden, der sich Zeit dafür nimmt.«

Eine toughe Frau mit Piercings wartete winkend auf mich. »Mädel, glaub mir, lass dir ein Klitpiercing stechen.

Ich hatte genau dasselbe Problem wie du, aber seit ich das Ding hab, komme ich ständig, hahaha!«

Ich war also nicht allein? Und noch wichtiger: Brauchte ich ein Klitorispiercing?

Nach jeder Vorstellung kamen Leidensgenoss:innen auf mich zu, um sich Luft zu machen. Ich hatte das Gefühl, Geschichten zu hören, die sie, genau wie ich, noch nie mit anderen geteilt hatten. Aber wenn wir so viele waren und es so viel Redebedarf gab, warum zum Henker redeten wir dann nie darüber? Wo waren die echten Sexgeschichten?

Diese Erfahrung machte etwas mit mir. Ich entdeckte, dass eine Stärke darin liegt, sich verletzlich zu zeigen. Mein größtes Geheimnis und alles, wofür ich mich schämte, hatte ich offen auf den Tisch – beziehungsweise auf die Bühne – gelegt, und ich lebte noch. Oder vielleicht hatte ich vielmehr dank all dem gerade erst angefangen zu leben. Außerdem hatte meine Verletzlichkeit die der anderen hervorgelockt, und das Bedürfnis nach Zugehörigkeit, das ich in ihren Augen sah und in meiner Brust spürte, machte mir klar, dass ich nicht länger mit diesem Geheimnis leben wollte. Unsere Geschichten wollten erzählt werden. Ich habe mir damals vorgenommen, stets aus dieser Verletzlichkeit und Ehrlichkeit heraus zu handeln und mich nicht mehr aufhalten zu lassen von Tabus, die uns die Gesellschaft eingeredet hat. Klar, manchmal spüre ich sie noch, die Grenzen der gesellschaftlichen Normen, die Einschränkungen als Frau in der Öffentlichkeit, aber woran ich mich festhalte, ist das Wissen, dass ich mit den Dingen, die ich erlebe, nicht allein bin.

Wir sind nicht allein.

Darf ich mich vorstellen?

Als ich einundzwanzig war und gerade aus meiner ersten Beziehung kam, hatte ich mein erstes Tinderdate. Na ja, eigentlich war es nur ein besseres Sexdate. Die Beziehung zu meinem ersten Partner war auf sexueller (wie emotionaler und intellektueller) Ebene gescheitert, und so begab ich mich auf eine Mission, sexuelle Erfahrungen mit anderen zu machen. Mein Date war vierunddreißig und hatte einen so spezifischen Beruf, dass ich ihn hier nicht nennen kann. Wir hatten bereits ein total verkrampftes erstes Date in einer Kneipe gehabt, bei dem er mir mindestens fünfzehnmal auf die Brüste starrte, nach zehn Minuten meine Hand ergriff und sie dann einfach nicht mehr losließ. Hinterher schwor ich mir, nie mehr Kontakt mit ihm aufzunehmen, aber mein Selbstwertgefühl war damals ziemlich gering, und er war so lieb – ständig erkundigte er sich per Whatsapp, wie es mir ginge, sagte, dass ich schön aussehe, wollte nach meiner Abfuhr mit mir befreundet bleiben, weil er so gern mit mir rede, und beantwortete meine Whatsapp-Nachrichten so schnell, dass ich beschloss, es einfach mit ihm zu tun. Später würde ich herausfinden, dass das das übliche Vorgehen von Männern ist, die mit dir in die Kiste wollen, etwas, das ich inzwischen als *the bare minimum* bezeichne, aber diesen Begriff kannte ich damals noch nicht. Ich plante das Sexdate eine ganze Woche im Voraus.

[20:46] Ich: Ich glaub, ich will doch mit dir ins Bett

[20:46] Er: Wie schön, dass du es dir anders überlegt hast;)

[20:49] Ich: Kannst du nächste Woche Mittwochabend?

[20:50] Er: Klar. Freu mich, Joy;)

Am Samstag hatte ich dann eigentlich schon keine Lust mehr. Aber ich wusste nicht, wie ich ihm das beibringen sollte, und hatte das Gefühl, ihm den Sex schuldig zu sein.

Mittwoch. D-Day. Vor lauter Aufregung hatte ich den ganzen Tag Durchfall. Ich schickte meiner besten Freundin eine Whatsapp mit seiner Telefonnummer, seinem Namen und seiner Adresse, für den Fall, dass er sich als Serienmörder herausstellen sollte, erzählte meinen Eltern, ich würde zu besagter bester Freundin gehen, und fuhr mit dem Auto meines Vaters zu seinem Haus. Das Outfit, das ich gewählt hatte, glich eher einem Kostüm. Ein enges dunkelgraues Kleid mit tiefem Dekolleté, Strumpfhose, schwarze High Heels und roter Lippenstift. Wenn ich heute darüber nachdenke, wollte ich wohl erwachsen und verführerisch wirken und mich selbst davon überzeugen, dass das, was ich tat, meinem freien Willen entsprang, meinem eigenen Verlangen, und dass

Sex mit fremden älteren Männern etwas war, das alle jungen Frauen und älteren Mädchen taten.

»Das ist völlig normal, du bist keine Schlampe, du bist keine Schlampe, du bist keine Schlampe.«

Ich klingelte, die Tür ging auf, und oben auf dem Treppenabsatz steckte er den Kopf durch die Tür.

Drinnen war es extrem ungemütlich, und es fehlte jegliche stimmungsvolle Beleuchtung. In seinem Wohnzimmer standen eine Couch und ein Sessel, und absurderweise nahm ich auf dem Sessel Platz, weit weg von ihm. Es fühlte sich an, als wäre ich beim Vorsprechen für so einen schlechten deutschen Gangbang-Porno. »Warum setzt du dich nicht neben mich?«

Ich lachte etwas verschämt und nahm auf der Couch Platz. Nach ein paar Schlucken Rotwein und einem Gespräch über das schöne Wetter und so Kram küsste er mich. Sein Stoppelbart kratzte auf meiner Haut, und seine Hände untersuchten gierig meinen Körper. Ehe ich mich versah, war ich nackt und er dank mir ebenfalls. Keine zwei Minuten später fingerte er mich und sagte nach fünfzehn Sekunden:

»Komm schon.«

Mit großen Augen sah ich ihn an, während er mich noch immer ziemlich grob fingerte und mein Körper im Rhythmus seiner Finger mitruckelte. War das sein Ernst? Er hatte meine Klitoris nicht mal berührt. Eigentlich hätte ich sagen wollen, dass es so bestimmt nicht klappen würde und ich sowieso nur schwer kam, aber stattdessen geriet ich angesichts seines fest entschlossenen Blicks in Panik, fing an zu stottern und versuchte zum ersten Mal in meinem Leben, einen Orgasmus zu faken.

»Ahhh, ahh, ahhh, jahahaa. AAAAH!«

Ich glaube nicht, dass er mir die Nummer abkaufte.

»Du willst es bestimmt mit Kondom machen?«, fragte er kurz darauf leicht irritiert.

»Ähm ja«, antwortete ich schuldbewusst und stieß ein unbeholfenes Lachen aus.

Was folgte, war eine kurze Pornodarbietung, bei der ich einmal sogar von der Couch fiel, weil er mich so hart fickte, während ich mich die ganze Zeit eigentlich nur fragte, wann in Gottes Namen ich wieder nach Hause durfte.

Als ich hinterher endlich mit vom Stoppelbart aufgescheuertem Kinn im Auto saß, lachte ich erleichtert:

»*What the fuck*, ist das dein Ernst? Komm schon?! Was für ein Arsch.«

Ich schämte mich zutiefst und redete hinterher mit niemandem darüber.

Darf ich mich vorstellen? Mein Name ist Joy Delima, und ich habe kein großartiges Sexleben.

Ich komme so gut wie nie, es fällt mir noch immer schwer, beim Sex zu kommunizieren und ich habe nie gelernt, herauszufinden, was mir gefällt oder für meine Bedürfnisse einzustehen, wenn es die andere Person nicht für mich tut. In der Schule brachte man mir bei, dass Kondome vor Geschlechtskrankheiten und Schwangerschaft schützen und dass Männer versuchen werden, mich ohne Kondom zu penetrieren, aber wie ich für mich selbst einstehe und Grenzen setze oder wie Sex überhaupt funktioniert, erfuhr ich nicht.

So wurden Pornos zu meinem Unterricht. Dort lernte

ich, dass Kommen zum Sex dazugehört und dass so ein Orgasmus leicht von der Hand geht. Mann fickt Frau, Frau kommt stöhnend, Mann kommt lautlos, und was mit dem Sperma passiert, bestimmt er. Aber wie man tatsächlich so einen Orgasmus erreicht, wusste ich nicht. Denn als ich zum ersten Mal einen Porno sah, hatte ich noch nie masturbiert.

Nun, da ich auf diese Zeit zurückblicke, bereue ich das, denn ich hätte es der jüngeren Joy so sehr gegönnt, dass sie ihren Körper in ihrem eigenen Tempo entdeckt. Dass sie einfach an sich selbst herumgefummelt hätte, weil es sich gut anfühlt. Ich hätte mir für sie gewünscht, dass sie spielerisch ihre eigene Sexualität entdeckt hätte.

Aber mein jüngeres Ich tat nur, was es in diesen Pornos sah. Verzweifelt versuchte ich, einen Orgasmus herbeizuführen, indem ich immer wieder in hohem Tempo über meine Klitoris rubbelte. Abend für Abend probierte ich es, aber es passierte nichts. Die Panik nahm zu, denn es bestand das Risiko, dass etwas mit mir nicht stimmte. Ich kam nicht und konnte es niemandem erzählen, denn dann hätte ich zugeben müssen, dass ich das nur wusste, weil ich einen Masturbationsmarathon hinter mir hatte, und das musste ich unter allen Umständen verheimlichen.

Ein paar Jahre später las ich im *Tina*-Forum oder in der *Hit*-Zeitschrift, oder vielleicht war es auch in der *Fancy*, dass Mädchen zur Selbstbefriedigung mitunter einen Duschkopf zu Hilfe nehmen. Am selben Abend noch probierte ich es aus.

Übrigens, mit »dem Duschkopf« ist nicht das ganze Ding mit all den feinen Strahlen gemeint. Nein, man musste den Duschkopf abdrehen, damit man einen einzigen Wasserstrahl hatte, und den sollte man laut Forum auf die Klitoris richten.

Ich las in den Erfahrungsberichten der Mädchen, dass es sich gut anfühlte, wenn dieser Strahl kalt war, also probierte ich das kurzerhand aus. Doch das fühltc sich nach einer Weile an, als hätte ich einen *brain freeze* an der Klitoris. Allmählich gab ich die Hoffnung auf, als selbst das lauwarme Wasser bei mir nichts zu bewirken schien, bis ich plötzlich in der Ferne ein angenehmes Gefühl näher kommen spürte. Ich erschrak ein wenig, wie wenn man nach jahrelanger Übung eine schwierige Yogastellung beinahe hinkriegt. Nun war Präzisionsarbeit und höchste Konzentration gefragt. Warmes Wasser, den Wasserdruck variieren, noch wärmeres Wasser, etwas tiefer, ein Stück nach links, härterer Strahl, Konzentration.

Plötzlich fühlte es sich an, als ob sämtliches Blut und Bewusstsein in meinem Körper langsam in meine Klitoris hinuntersackten. Ich bestand nur noch aus meiner Klitoris, was sich wahnsinnig gut anfühlte.

Dann stellte sich ein Gefühl ein, von dem ich sicher wusste, auch wenn es das erste Mal war, dass es mich diesmal woanders hinführen würde. Es fühlte sich an, als ob sich etwas aufbaute, genau wie man weiß, dass sich ein Kribbeln in der Nase zu einem Nieser entwickelt. Der Prozess dauerte ziemlich lange, und hier und da musste ich noch ein paar Anpassungen vornehmen, aber letztlich fühlte es sich über lange Zeit gut an. Meine Muskeln spannten sich an, ich hörte auf zu atmen, und eigentlich war es, als würden mein Körper und die Zeit einen Moment lang stillstehen. Bis etwas platzte. Ich war zu einem großen rosa Luftballon geworden, und jemand hatte ein Loch in mich gepikst, so fühlte es sich an.

Meine Beine begannen zu zittern, und ich musste mich in der Dusche festhalten, damit sie nicht nachgaben. Die Muskeln in meiner Vagina zogen sich zusammen, und nach etwa zehn Sekunden war meine Klitoris so empfindlich, dass ich den Wasserstrahl abwenden musste. Da wusste ich sicher: Das war mein erster Orgasmus.

Ich musste ganz leise sein, aber ich schrie es beinahe von den Dächern, so glücklich war ich. Ich war nicht defekt, und das Problem war gelöst.

Dass ich nun noch immer nicht wusste, wie genau mein Körper funktionierte, vergaß ich ehrlich gesagt vor lauter Begeisterung. Der Duschkopf wurde zum festen Bestandteil meiner Masturbationsroutine, ohne ihn kam ich nicht mehr zum Orgasmus.

Mit achtzehn kam ich dann mit einem Jungen zusammen. Penetration war in meinen Augen die letzte Möglichkeit, ohne Hilfsmittel zum Orgasmus zu kommen. Wenn ich endlich mit Partnersex und Penetration loslegen würde, würde es auf jeden Fall klappen. Genau wie bei den Frauen in den Pornos.

Aber als ich mit achtzehn beschloss, dass es endlich Zeit sei für Sex und ich mich mit absurd hohen Erwartungen zu meiner allerersten Penetration hinlegte (dazu später mehr), spürte ich nichts. Ich kam zu keinem Orgasmus, und laut stöhnen, wie ich es erwartet hatte, musste ich auch nicht. Ich lag da und geriet in Panik. Es stimmte also doch etwas nicht mit mir. Das hier war mein letzter Rettungsanker. Wenn es schon nicht mit dem Klitorisgerubbel klappte, dann musste es doch mit dem Penetrieren klappen. Aber als selbst das nicht zu funktionieren schien, wusste ich mir keinen Rat mehr.

Ich habe mich so ziemlich meine ganze Jugend über für mein Sexleben geschämt. Das Masturbieren, das Nichtkommen-Können, das obsessive Pornogucken und der misslungene Sex gaben mir ein Gefühl der Einsamkeit. Denn ich hatte nicht gelernt, wie man über Sex spricht. Ich wusste nicht, dass es okay war, als Frau den Sex auch genießen zu wollen. Ich wusste nicht, dass es beim Sex nicht um Penetration gehen muss und ich ein Mitspracherecht habe. Auch dass ich Nein sagen kann, wenn ich zuvor Ja gesagt habe, wusste ich nicht. Und dieses Bewusstsein wünsche ich allen. Denn seit ich offen über die dunklen Seiten meiner Sexualität rede, ob nun auf der Bühne, auf meinem Instagram-Profil oder in der Kneipe, wird mir klar, dass ich damit nicht allein bin. Inzwischen habe ich gelernt, aus der Verletzlichkeit eine Stärke zu machen. Dass ich niemals in der Lage sein werde, Sex so richtig zu genießen oder ohne Probleme zu kommen, ist noch immer eine große Angst von mir, aber ich schäme mich jetzt nicht mehr dafür.

Sex ist eine Erkundungsreise. Selbst heute, wo ich meine Grenzen kenne, kommt es noch immer viel zu oft vor, dass diese überschritten werden und ein übler Nachgeschmack zurückbleibt. Selbst als ich mit vierundzwanzig das erste Mal in meinem Leben die Anatomie der gesamten Klitoris sah und lernte, dass »Vagina« nur den Hohlraum bezeichnet, der die Vaginalöffnung mit der Gebärmutter verbindet, selbst da wusste ich nicht, wie ich die Vulva und die beinahe zehn Zentimeter lange Klitoris liebkosen musste.

Aber ich lerne es. Ich masturbiere. Ich spreche offen darüber und probiere mich aus.

Ich habe nie gelernt, über Sex zu reden. Deshalb werde ich jetzt darüber schreiben.

Ein Rücken voll Sperma

Mein erstes Mal hatte ich mit achtzehn, mit meinem ersten Freund. Es wäre, wenn ich ehrlich bin, schon viel früher passiert, hätte ich nicht so große Angst vor *Slutshaming* gehabt. Wenn ich an meine Pubertät zurückdenke, erinnere ich mich an einen enormen Sexualtrieb. Ich knutschte ab meinem vierzehnten Lebensjahr regelmäßig mit Jungs herum, und alle paar Monate übte ich mich im Trockensex beim First Round, einer damaligen Teenager-Party im Rotterdamer Club Outland. Die Anzahl an Jeanshosenerektionen, die ich dort mit Hüfte und Hintern hervorgerufen habe, ist, wenn ich das so sagen darf, beeindruckend. Ich war frühreif, schaute oft Pornos, masturbierte regelmäßig und verwendete heimlich Kerzen als Dildos. Trotzdem beschloss ich, mit dem Sex zu warten, weil ich immer dachte: Wenn ich jetzt mit jemandem Sex habe, muss ich mir im nächsten Monat wieder jemanden suchen, denn sobald ich erst mal damit anfange, will ich es bestimmt öfter machen. Und wenn ich mir dazu irgendeinen x-Beliebigen anlache, bin ich eine Schlampe.

An und für sich hatte ich damit nicht ganz unrecht: Es ist wirklich schöner, Sex mit ein und demselben Partner zu entdecken. Man lernt den Körper des anderen kennen, lernt, sich gegenseitig zu vertrauen, und probiert zusammen neue Sachen aus, aber das wusste ich damals noch nicht. Meine Überlegung entstand allein aus dem Bedürfnis, »keine Schlampe sein zu wollen«. Einige Mädchen waren von diesem drohenden Urteil jedoch ausgenommen: Die schönsten Mädchen der Schule, die echten Perlen, wurden trotzdem angebetet. Eine dieser Perlen aus meiner Klasse hatte ihr erstes Mal mit einem Achtzehnjährigen, da war sie fünfzehn, aber das hatte wenig Einfluss auf ihren sozialen Status. Unter den Mädchen wurde sie vielmehr wie eine Jeanne d'Arc verehrt. Alle Fragen, auf die wir im Biologieunterricht keine Antwort bekamen, konnten wir nun ihr stellen. Und die Jungs schienen sie noch spannender zu finden, nun da sie vermeintlich verändert war. Sie respektierten sie noch immer, wahrscheinlich in der Hoffnung, eines Tages selbst in den Genuss dieser Perlenpussy zu kommen. War man hingegen hässlich, nerdig oder streng gläubig, dann hatte eine Entjungferung einen äußerst negativen Einfluss auf das eigene Teenagerdasein. Dann war man schlicht eine *dreckige Schlampe*.

Darum wartete ich, bis ich achtzehn war. Inzwischen war ich an der MBO Theaterakademie in Rotterdam und hielt mich erstmals regelmäßig im Zentrum meiner Heimatstadt auf. Meine Klassenkamerad:innen waren älter als ich und wohnten schon allein. Zudem befanden sich im selben Gebäude ein Berufsgymnasium und eine Fachhochschule, so dass es in der Pause immer hoch herging.

»Hallo.«

Ein Junge mit schwarzen Locken und einem lieben Lächeln stand plötzlich vor mir auf der Treppe. Er sah mich an, als hätte sich soeben ein Puzzlestück seines Lebens an der richtigen Stelle eingefügt.

»Oh, hey.« Ich lachte nervös unter seinen intensiven Blicken. »Na dann … tschüss.«

»Ciao.« Er sah mir sanft lächelnd nach und stand noch immer auf der Treppe, als ich mich kurz darauf umdrehte.

In der nächsten Pause sah ich ihn wieder.

»Wer ist das? Wer ist dieser Junge? Schatz, Schatz, Babe, BABE, wer ist das? Arghh, dieser Typ. Wer ist das?!« drangsalierte ich meine Freundin.

»Er heißt S. und geht auf die Fachhochschule.«

Drei Wochen später lagen S. und ich auf einer großen Luftmatratze im Wohnzimmer seines Studierendenwohnheims. Wir waren zwar angezogen, aber erkundeten knutschend unsere Körper, während im Hintergrund eine illegal heruntergeladene Kopie des Films *The Dark Knight Rises* lief. Ich lag auf ihm und überlegte krampfhaft, wie ich ihm beichten sollte, dass ich noch Jungfrau war. Minutenlang wiederholte ich immer denselben Satz in meinem Kopf, bis ich plötzlich laut sagte: »Babe, ich bin noch Jungfrau.«

»Echt? Oh, das hätte ich nicht gedacht. Okay, cool.«

Cool? *What the fuck*? All die Jahre hatte ich mir mühsam meine Jungfräulichkeit für »den Glücklichen« aufgespart, und jetzt, wo er die Chance hatte, mich zu entjungfern, fiel ihm nichts Besseres ein als »cool«? In meiner Phantasie hatte ich mir vorgestellt, dass derjenige so dankbar und stolz wäre, dass ich all die Jahre meine kostbare Teenagermuschi für ihn gehütet hatte, dass er in einen Shakespeare'schen Monolog darüber ausbrechen würde, dass er Gott auf Knien dafür danke und bereit sei, alles für mich zu tun, weil ich extra für ihn ein jungfräulicher Engel geblieben war. Das hatte man mir versprochen, das hatte ich erwartet. Dass er dann seinen Freunden erzählen würde: »Holy Shit, Jungs, ich habe eine Jungfrau gefunden!« Und die Jungs würden alle johlen: »NICHT WAHR, ALTER!! NICHT WAHR!! BRO, GLÜCKWUNSCH!« Und wenn ich sie dann treffen würde, würden sie mich direkt vergöttern. Die achtzehnjährige Jungfrau von Rotterdam war in ihrer Studentenbude erschienen, bereit, durch ihren besten Freund genommen zu werden. Holy Shit, was für ein Wunder. Das zumindest hatte man mir jahrelang in Romcoms und schmutzigen Filmchen weisgemacht – ein Zelebrieren, eine dankbare Entlohnung für mein langes Warten.

Aber nichts dergleichen. Er war cool damit.

»Möchtest du denn …?«

»Nein. Noch nicht. Sorry.« (Nie dafür entschuldigen, aber das wusste ich damals noch nicht.)

Am selben Abend fragte er mich, ob ich mit ihm gehen wolle, und wenn ich das so schreibe, klingt es, als ob er das nur tat, um mich rumzukriegen, aber das glaube ich nicht. Er war wirklich verliebt in mich. Ganze drei Wochen schon.

»Joy …«

All meine späteren Freunde fragten mich auf exakt dieselbe Weise, mit diesem bedeutungsschwangeren »Joy«, wodurch man weiß, dass nun etwas kommt.

»Willst du meine Freundin sein?«

Drei Wochen. Ist das normal? Ich hatte noch nie eine ernsthafte Beziehung gehabt, aber etwas in mir fand es zu früh. Er sah mich an mit diesem unsicheren Jungsblick, und ein Anflug von Mitleid überkam mich. Ach na ja, wenn es mir nicht gefällt, kann ich ja jederzeit wieder Schluss machen, dachte ich. Irgendwann muss ich ja schließlich eine Beziehung eingehen.

»Ja.«

Wir knutschten mit Zunge, machten Petting auf der Luftmatratze, und später nahm ich die Tram nach Hause. Ich war in einer Beziehung. Endlich konnte ich Sex haben.

Die ersten drei Monate probierten wir alles aus außer der klassischen Penetration, und das war wirklich die geilste Zeit meines Lebens. Die Anziehung war so groß, dass jede Berührung, jeder Blick mich erregen konnte. Das erste Mal, dass er mich leckte, dachte ich dann auch, dass das meine Orgasmen entfesseln würde. Ich war hyped, bereit für die Show. Aber das Gefühl einer Zunge an meiner Vulva erwies sich als seltsam. Schmeckte ich überhaupt gut, und war mein Ausfluss zu ausflusshaft?

Ich versuchte, mich gedanklich auf die Zunge an meiner Klitoris zu konzentrieren. Es war schon schön, aber davon würde ich bestimmt nicht kommen. Ich schaute hinunter und sah geradewegs in seine Augen. Echt kein vorteilhafter Anblick aus der Perspektive. Wie so ein hungriger Hai, der die Unschuld aus meiner Muschi fraß. Musste ich ihn jetzt weiter anschauen? War das geil? Ich stöhnte ein wenig, so wie ich es geübt hatte, und er sah stolz aus, als wäre das sein Verdienst. Es ging noch eine Weile so weiter, und nach einiger Zeit hörten wir auf. Ich weiß nicht mehr genau, ob ich ihn stoppte, aber wahrscheinlich schob ich die Ausrede vor, ich »wolle ihm so gern einen blasen«.

Und ganz ehrlich? Ich wollte ihm auch echt gern einen blasen. All meine Recherche wollte endlich angewendet werden: Ich hatte mir Youtube-Tutorials angeschaut, mir Erklärungen von Pornostars angehört, ganz viele Pornos geguckt und mich von einer damaligen Klassenkameradin coachen lassen, die eigentlich so was wie pornosüchtig war. Ich bin nicht stolz auf die Filmchen, die sie mir gezeigt hat, und darauf, wie diese mein Bild von Sex geprägt haben, aber sie gab mir immerhin ziemlich gute Blowjob-Tipps. Man musste den Penis so tief wie möglich in den Mund nehmen, und auch wenn er keinen großen Schwanz hatte, musste man so tun, als ob man davon würgen müsse. Blickkontakt herstellen, Speichel, viel Speichel, saugen und gleichzeitig auf und ab reiben und stöhnen. Ich musste es selbst auch geil finden, oder zumindest musste er das glauben. Und dann die Eier, »die Eier nicht vergessen, Joy!«.

Als er nackt auf dem Bett lag, sah ich zum ersten Mal seinen Penis. Plötzlich zuckte dieser.

»Oh!«

»Was?«

»Nichts. Ich … ich wusste nur nicht, dass sie sich bewegen können.«

Ich machte mich an die Arbeit und war echt *badass*. Er sah enorm überrascht aus, und es dauerte nicht lange, bis er sagte, er würde gleich kommen.

»Wohin soll ich abspritzen?«

Das ist so eine bescheuerte Pornofrage. Als ob sein Sperma auf jeden Fall irgendwo auf meinen Körper gehört und er so gut zielen kann, dass ich »auf meine Knie« hätte antworten können. Wenn Männer das fragen, lautet die gewünschte Antwort meist: in den Mund, auf die Brüste, ins Gesicht, auf den Arsch oder auf die Pussy. Aber jetzt antworte ich manchmal einfach: »Auf dich selbst«, kurz bevor sie kommen. Und tschüss.

»In meinen Mund«, sagte ich damals, denn so hatte es mir meine Klassenkameradin beigebracht: »Rubbeln, saugen und wenn er kommt, aufhören mit dem Rubbeln und direkt runterschlucken, einfach auf Ex. Männer lieben Frauen, die schlucken.«

Also tat ich das. Der schale Geschmack von Sperma erfüllte meinen Mund, und mein erster Impuls war, alles auszuspucken, aber stattdessen schluckte ich es schnell hinunter. Mein erster Blowjob. Weder hatte ich rumsuchen müssen, noch war ich ungeschickt gewesen. Ich hatte meine Blowjobprüfung bestanden, so fühlte es sich an.

»Holy Shit, bist du dir sicher, dass du das nicht schon öfter gemacht hast?«

Ernsthaft? Jetzt shamte er mich dafür, weil ich gut blasen konnte?

»Ähm … ja.«

»Nee, okay, hätte ja sein können.«

Drei Monate nach meinem Jawort beschloss ich, dass ich bereit war. Es passierte in seinem Zimmer, genauer, in seinem Bett. Zuerst wurde geleckt, dann geblasen, dann fragte er mich, ob ich mir sicher wäre.

»Ja.«

Er streifte sich ein Kondom über und legte sich auf mich. Nun war es soweit, jetzt würde ich auf jeden Fall kommen oder squirten oder beides zusammen. Penetration, mein letzter Hoffnungsschimmer, ich konnte es kaum erwarten.

Sein Penis drang ganz leicht ein. Er war sowieso nicht besonders groß, und ich hatte inzwischen unter dem Vorwand der Selbstentfaltung so viele Gegenstände in meine Vagina gestopft, dass es sich nicht so anfühlte, als würde da unten irgendwas Neues passieren. Glücklicherweise vielleicht, denn ich hatte allerlei schlimme Geschichten gehört über Schmerzen und blutige Laken.

»Tut es weh?«

»Ach so, nein, nein.«

Wir liebten uns in der Missionarsstellung, und ich dachte die ganze Zeit nur: *Oh my God*, ich habe endlich Sex!

»Komm, wir machen die Schildkröte.«

»Was?«

»Leg dich auf den Bauch.«

Ich rollte mich auf den Bauch, und wieder legte er sich auf mich.

Er nannte diese Position immer »Schildkröte«. Das fand ich einen unfassbar ekligen Namen für eine Sexstellung. Habt ihr schon mal eine Schildkröte gesehen und gehört, wenn sie kommt? Googelt mal *turtle orgasm*, und sagt mir, dass ich unrecht habe.

Die Schildkröte ist echt eine ziemlich unpersönliche Stellung für das erste Mal. Mein Gesicht lag auf einem Kissen, während er ziemlich hart in mich hineinstieß. Ich versuchte zu atmen und fragte mich plötzlich, wann ich etwas spüren würde. Klar, ich fühlte, wie er immer wieder in mich eindrang, aber irgendeine Form von Genuss?

Fehlanzeige. Vielleicht würde es helfen, wenn ich mich wieder umdr...

»Ah, ich komm gleich!«

»O ... okay.«

Während ich noch auf dem Bauch lag, zog er sich unbemerkt sein Kondom ab, und plötzlich spürte ich warme Spritzer auf dem Rücken. Er ejakulierte einfach über meinen gesamten Rücken. Das wollte ich gar nicht, aber damals dachte ich noch, dass das dazugehörte. Ich blieb auf dem Bauch liegen, während er keuchend neben mich sank. Mein Kopf lag auf der verkehrten Seite, so dass ich total umständlich meinen Kopf über das Kissen zu ihm drehen musste, um zu verhindern, dass das Sperma von meinem Rücken auf meinen Hintern und meine Vulva lief.

Ich lächelte sanft, während er sich noch von seinem Orgasmus erholte. Diesmal hatte er nicht gefragt, wohin er abspritzen solle, das hatte er einfach selbst beschlossen. Bis heute kann ich nicht begreifen, wieso man seiner achtzehnjährigen Freundin bei ihrem ersten Mal einen Rücken voller Sperma aufbürdet. Er hätte doch einfach in mir und im Kondom kommen können? Es hätte doch ein intimer Moment sein sollen? Kurz darauf stand er auf und nahm ein schmutziges T-Shirt aus dem Wäschekorb, mit dem er meinen Rücken abwischte. Eine halbe Stunde danach saß ich bereits in der letzten Tram nach Hause mit einem klebrigen Rücken und einem Knutschfleck am Hals. Ich war nicht gekommen.

Die ganze Sache mit der Entjungferung ist echt überschätzt. Ich habe übrigens auch aufgehört, dieses Wort zu verwenden, weil ich finde, dass es ein sexistisches Weltbild transportiert, nach dem Mädchen ihr Ansehen und ihren Wert ihrer Jungfräulichkeit verdanken, Jungen hingegen dem Verlust eben dieser Jungfräulichkeit. Heute sage ich lieber: Damals hatte ich das erste Mal Sex mit jemandem. Oder: Mit achtzehn habe ich die Welt des Partnersex betreten. Der Unterschied zwischen »betreten« und »entjungfert werden« liegt für mich vor allem in der selbstbewussten Haltung. Entjungfert werden klingt nach etwas, das einem widerfährt, anstatt nach selbstbestimmtem Handeln. All die Jahre, in denen ich meine Jungfräulichkeit für »den Einen« aufbewahrte, negierte ich im Grunde meine körperlichen Bedürfnisse, aus lauter Angst vor dem Urteil meiner Altersgenoss:innen. Vielleicht hätte ich jede Menge süße, phantasievolle Erfahrungen gemacht, wenn ich einfach auf meinen Körper gehört hätte. Stattdessen endete ich mit einem Rücken voller Sperma und einem Jungen, dem es egal war, ob ich noch Jungfrau war (was ja eigentlich positiv ist). Nur damals fühlte es sich so an, als würden vor meinen Augen die Lichter am Christbaum eins nach dem anderen erlöschen. Ich hätte mir einen liebevolleren Start ins Sexleben gewünscht, ohne Pornoeinflüsse und ohne den Ballast des Jungfrauen-Daseins. Echt mal, verficktes Jungfrauen-Dasein.

Genuss hat einen hohen Preis

Mein erster Orgasmus durch eine andere Person fühlte sich an wie das Ende eines langen Leidenswegs und hatte mehr mit Durchsetzungsvermögen als mit Genuss zu tun.

Ich war achtzehn, hatte meine erste Beziehung mit S., und obwohl wir bereits seit ungefähr sechs Monaten miteinander schliefen, war ich noch nie zum Orgasmus gekommen.

Wenn er geil war, sagte er Dinge wie: »Ich will dich die ganze Nacht durchlecken, bis du kommst.« Aber dieses Versprechen löste er nie ein.

Könnt ihr euch das vorstellen? Dass ihr sechs Monate, also ein ganzes halbes Jahr, Sex mit jemandem habt (und wir hatten jede Menge Teenagersex) und ihr nie kommt? Und zwar nicht, weil ich ihn aufgehalten hätte. Er konnte ziemlich gut lecken, auch wenn ich damals keinen Vergleich hatte. Was er tat, fühlte sich gut an, das war alles, was ich zu diesem Zeitpunkt sagen konnte.

Im Nachhinein besehen kann ich noch immer behaupten, dass er auf einer Skala der durchschnittlichen Männerzunge über dem Durchschnitt lag. Aber er hörte einfach zu schnell auf. Wenn mir gerade wärmer wurde, kam er schon wieder nach oben gekrochen, zurück in die Zivilisation.

Ich verlor kein Wort darüber. In meinem Kopf lag es an mir, denn er hatte schon Erfahrung mit anderen Vulven, und »seine Ex-Freundinnen sind immer gekommen«, wenn er das machte. Dass ich nicht während *seiner* präferierten Oralsex-Dauer kam, unter der fachkundigen Zunge von jemandem, der meiner naiven Meinung nach genau wusste, was er tat, hieß folglich, dass mit *mir* etwas nicht stimmte. Ich hätte schließlich in der Zeitspanne kommen müssen, die er mir vorgab.

Nach sechs Monaten nahm ich also all meinen Mut zusammen, oder besser gesagt all meinen Frust, und beschloss, den Sprung ins kalte Wasser zu wagen.

»Hey, du sagst doch immer, du würdest weitermachen, bis ich komme, aber das tust du nie.«

»Oh.«

»Ja.«

»Sorry.«

»Willst du vielleicht wirklich mal weitermachen, bis ich komme?«

»Ja, klar.«

Eindeutig der anstrengendste Dialog in der Geschichte meines Sexlebens.

Darauf hatte ich sechs Monate lang gewartet? Was genau hatte ich mir von dem Gespräch eigentlich erwartet, fragte ich mich plötzlich. Dass er wütend werden oder sich weigern würde? Nachdem ich monatelang alle Szenarien durchgespielt hatte, schien eigentlich alles möglich, aber dass es so einfach gehen würde, damit hatte ich verdammt noch mal nicht gerechnet. Sechs. Monate. Stellt euch nur mal vor, wie viele Orgasmen mir entgangen waren. Unfassbar.

Außerdem, wieso hatte er das nicht selbst angesprochen? Denn wie seltsam ist es eigentlich, wenn man merkt, dass die eigene Partnerin, die bisher keine sexuellen Erfahrungen hat, seit sechs Monaten nicht kommt und man nichts dazu sagt? Das finde ich rückblickend enorm empörend. Dass es nicht geklappt hat, ist das eine, aber nicht mal nachzufragen oder sich nicht mal mehr Mühe zu machen, ist doch unglaublich? Wenn ich eine neue Freundin hätte und ich lecke und fingere sie, und sie kommt nicht, würde ich noch beim ersten Mal oder danach fragen, ob sie es auf die Art und Weise mag oder ob sie mir zeigen kann, was ihr gefällt, irgendwas. Denn ich will doch, dass mein:e Partner:in genießt, was ich mache. Dass sechs Monate lang immer nur ich komme und ich darüber kein Wort verliere, das will einfach nicht in meinen Rotterdamer Dickschädel hinein.

Drehen wir die Situation mal um. Man stelle sich vor, ein Mann würde sechs Monate lang nicht zum Orgasmus kommen. Stellt euch vor, ich hätte jedes Mal, kurz bevor er kommt oder schon weit davor, gesagt, dass ich keine Lust mehr habe oder hätte mittendrin den Vibrator ausgepackt und mich selbst zum Orgasmus gebracht, während er hochempört mit seinem Steifen neben mir liegt. Wie lange, glaubt ihr, würde sich das ein Cis-Mann gefallen lassen?

Überhaupt nicht. Er würde sich das nicht gefallen lassen, denn die meisten Männer mussten sich beim Sex noch nie etwas gefallen lassen und kennen aufgrund unserer schwanzzentrierten Porno-, Kunst- und Kinokultur auch keinerlei Vorbilder, die das getan hätten. Ich glaube, dass es der Mann als sein gutes Recht erachten würde, dieses absurde Ungleichgewicht direkt anzusprechen.

»Lass mich doch auch mal kommen«, oder »Willst du mir gar nicht helfen zu kommen?«, oder vielleicht würde er sogar wütend werden und sich in der Ecke einen runterholen und aus Rache auf den neuen Teppich onanieren.

Der Penis und der zugehörige Orgasmus stehen beim heterosexuellen Sex derart im Mittelpunkt, dass man vielleicht schon gar nicht mehr merkt, dass es für alle ganz normal ist, dass der Mann quasi immer kommt und die Frau nicht.

Jüngst hat eine Studie zur Orgasmuskluft ergeben, dass gerade mal 36 Prozent der Frauen beim Penis-in-Vagina-Sex meist oder immer kommen, gegenüber 92 Prozent der Männer. Die Frauen gaben übrigens an, dass sie eine klitorale Stimulierung brauchten, um zum Höhepunkt zu kommen. (Die Forschung ist leider noch nicht inklusiv genug, dass auch Menschen mit anderen Geschlechtsidentitäten und ihre Erfahrungen mit Orgasmen untersucht werden.)

Ich gehöre also zur riesigen Gruppe der 64 Prozent. Als ich als Kind in mein Tagebuch schrieb, ich würde gern irgendwo dazugehören, meinte ich nicht diese Gruppe der Gearschten.

Am Abend nach diesem anstrengendsten aller Dialoge in der Geschichte meines Sexlebens versuchte ich also, mir einen Platz an der Ehrentafel der populären Mädchen der 36-Prozent-Gruppe zu sichern.

»Willst du vielleicht wirklich mal weitermachen, bis ich komme?«

»Ja, klar.«

Noch am selben Abend übernachtete er bei mir. Ich wohnte noch bei meinen Eltern, und die Tatsache, dass ich Sex hatte, während mich nur eine hauchdünne Wand von meinen Eltern trennte, kann mein Gehirn inzwischen nicht mehr verarbeiten.

Jedenfalls übernachtete er bei mir.

Anspannung. Stille. Dunkelheit. Wir »schliefen«.

Wie immer begannen wir mit einem langen Zungenkuss als Vorspiel, das sich fortsetzte, als ich seine Erektion an meinem Oberschenkel spürte. Unter der Bettdecke küsste er sich zu meiner Vulva hinunter und machte sich direkt ans Werk. Am Anfang gelang es mir wie immer, es zu genießen. Ich spürte, was seine Zunge machte, und das wirkte sich auch auf den Rest meines Körpers aus. Meine Beine zuckten ein wenig, meine Bauchmuskeln spannten sich an, und ich spürte, wie mein Herz schneller schlug. Körperlich reagierte ich viel enthusiastischer auf seine Berührungen als nötig, denn ich wollte ihn ermutigen, seinem Ego schmeicheln.

Bis wir an einem Punkt angelangten, an dem ich mich plötzlich anfing zu fragen, was es eigentlich hieß, jemanden bis zum Orgasmus zu lecken. Was, wenn ich feststellen würde, dass meine Klitoris und ich nicht imstande waren, auf diese Weise einen Höhepunkt zu erreichen? Wie lange würde ich abwarten, bis ich ihm auf den Kopf tippe und sage: »Danke, aber das wird wohl nichts mehr. Na dann, Nacht.« Und tat er das alles nur für mich, oder machte es ihm selbst auch Spaß?

Plötzlich spürte ich, wie er aufhörte, und schrak aus meinen wirren Gedankengängen hoch. Er zog sich die Decke vom Kopf, und im Dunkeln sah ich, wie er den Unterkiefer bewegte, wahrscheinlich, um dem aufkommenden Krampf entgegenzuwirken.

Shit, er will nicht mehr, das dauert auch echt schon viel zu lange, dachte ich. Ich war kurz davor, ihn zu erlösen, da überlegte ich es mir anders. Ich wollte kommen, und er sollte das bewerkstelligen. Ich hatte sechs Monate engagiertes Blasen mit zugehörigen Kieferverspannungen hinter mir, insofern war es nun an ihm, schleunigst für einen Ausgleich zu sorgen.

Darum blieb ich stur liegen und befahl mir gedanklich, mich aufs Fühlen zu konzentrieren.

Was fühlst du? Denk an deine Klit. *Werde* zu deiner Klit. Fühl seine Zunge.

Aber nach all dem Gelecke hatte ich schon fast den Orgasmus-Kipppunkt erreicht. Alles ist dann so empfindlich, dass man gar nichts mehr fühlt, und es sogar anfängt, ein wenig wehzutun.

»Magst du mich vielleicht fingern?«

Ja, ich war selbst erstaunt über meine neuen kommunikativen Fertigkeiten.

Okay, das Fingern fühlte sich gut an.

»Jetzt wieder lecken.«

»Nein, beides gleichzeitig.«

Fokussieren, fokussieren, fokussieren. Bleib gedanklich bei deiner Klit.

Zu diesem Zeitpunkt war ich bereits komplett durchgeschwitzt und spürte, wie sich Muskeln verkrampften, von deren Existenz ich bis dahin nicht einmal geahnt hatte. Ich hatte damit aufgehört, enthusiastisch auf jede seiner Berührungen zu reagieren, nur um seinem Ego zu schmeicheln, und lag da wie eine verkrampfte Garnele. Würde ich auch nur eine einzige falsche Bewegung machen, würde mich das wieder an den Anfang zurückwerfen, und dann musste man noch mal von vorne beginnen, so lief das nun mal.

Aber dort, in der Ferne, spürte ich plötzlich ein Kribbeln in meiner Vulva aufsteigen.

»*Mach weiter.*«

Inzwischen hielt ich seinen Kopf fest zwischen den Händen, damit er auf Kurs blieb.

In meiner Klitoris steigerte sich ein Kribbeln, und in meinem Kopf entstand ein Rauschen.

»Weiter.«

An diesem Punkt war die Zunge meines Freundes vermutlich taub geworden, und ich hörte ein leises Wimmern zwischen meinen Beinen. Das Lecken ging nun so langsam und zäh voran, dass ich Angst hatte, das Momentum zu verlieren.

»Fast.«

Jedes Lecken brachte mich dem Ziel einen Schritt näher. Leck weiter. Leck, noch ein Stück. Leck, wir sind fast da. Fast. OH MY GOD, kann es sein, dass ich jetzt ernsthaft komme? O mein Gott, ich komme echt, ich kom… Konzentrier dich, KONZENTRIER DICH.

»Ja.«

KONZENTRIER DICH.

»Ich komme gleich.«

»Ich komme.«

Was folgte, war der größte Orgasmus, den ich bis dahin je erlebt hatte. Die größte Entladung, die ich mir vorstellen konnte. Zitternde Beine, wegrollende Augen, offener Mund, Schweiß in der Poritze, der ganze *shebang*. Ich kam, lautlos, weil Eltern und so, aber gottverdammt, ich kam.

Und wisst ihr was? Mir kamen heimlich die Tränen. Nicht mal so sehr des Orgasmus wegen, sondern weil ich die Worte »Ich komme« ausgesprochen hatte. Ein Traum wurde wahr. Ein Traum, der bis dahin nur in meiner Phantasie existiert hatte. Die sechs Monate hatten mich glauben lassen, dass ich vielleicht niemals »Ich komme« zu einem Partner sagen würde. »Ich komme« beziehungsweise »I'm coming« ist der ultimative Moment in Pornos.

Egal um welchen Porno es sich handelte, immer wurde der Orgasmus angekündigt. Ich wollte auch so gern einen solchen Moment, und nun hatte ich ihn endlich. Endlich ähnelte ich ein wenig den Frauen in Pornos, auf die ich immer so neidisch war. Ich konnte kommen. Ich war nicht defekt.

Mein Freund lag halb tot mit dem Kopf an meine Vulva gelehnt, während ich vor Muskelkater meine Beine nicht mehr bewegen konnte. Unter meinem Hintern hatte sich ein großer Fleck aus Schweiß, Spucke und Ausfluss gebildet.

Ich war einfach so gekommen. Mit meiner Schulter wischte ich unbemerkt die Tränen weg. Ich lag da wie ein Seestern und verschnaufte. Alles tat mir weh, und meine Vulva schmerzte wie eine offene Wunde. Nach einer Weile kroch mein Freund nach oben und sagte etwas, das ich leider vergessen habe.

Als er kurz darauf aufs Klo ging, griff ich nach meinem Handy, um nachzusehen, wie spät es inzwischen war. Mein Herz sank augenblicklich bis hinab zu dem nassen Fleck unter meinem Hintern.

Alles zusammen hatte eine Stunde und dreißig Minuten gedauert. Das hieß, dass er mich mindestens eine Stunde und fünfzehn Minuten lang geleckt hatte. In diesem Moment empfand ich so viel Scham und Schuld, dass alle Entspannung, die ich zuvor empfunden hatte, wie von Geisterhand verschwand.

Ich war gekommen, aber zu welchem Preis? Es schien mir wenig realistisch, dass wir das dauerhaft in unser Sexleben integrieren konnten. Als hätten wir jedes Mal anderthalb Stunden Zeit dafür, mich kommen zu lassen.

In dieser Nacht habe ich ihm nicht gesagt, wie spät es inzwischen war, und ehrlich gesagt war er eh so müde, dass er sofort einschlief, als er aus dem Bad zurückkam. Ich hatte ein Handtuch über den nassen Fleck auf der Matratze gelegt und legte den Kopf auf seine Brust, die sich langsam hob und senkte, bis ich sein vertrautes Schnarchen hörte.

Vulva-Nieser

Voller Neid schaue ich manchmal Pornos, in denen Frauen kommen. »*Real female orgasm compilation*«. Nicht zum Masturbieren, sondern aus reiner Neugier, um zu sehen, was meinem Sexleben fehlt. Der Orgasmus. Ich sehe zuckende Frauen, die die Kontrolle über ihren Körper verlieren, ihre nach hinten rollenden Augen und gespreizten Gliedmaßen, Gestöhne. Was mich dabei am meisten schmerzt, ist die scheinbare Mühelosigkeit, mit der all das geschieht. Als ob sich so ein Orgasmus von allein ergibt. Eine Art Vulva-Nieser – man spürt, wie er entsteht, und muss ihn nur rauslassen. Meine Orgasmen gehören eher zu den Rohrkrepierern. Jedes Mal zieht man so ein Mein-Nieser-kommt-gleich-Gesicht, und nach ein paar Malen ist man frustriert und versucht, den Nieser herauszulocken, indem man ins Licht schaut, weil man das mal irgendwo aufgeschnappt hat bei den nervigen Klassenkameraden, die ständig populärwissenschaftliche Zeitschriften lesen. Nach ein paar Stunden fängt die Nase sogar an wehzutun, weil der Nieser sich die ganze Zeit in der Nasenhöhle aufgebaut hat und raus muss. Und wenn man Glück hat und der Nieser dann endlich kommt, ist die Entladung un-fass-bar. Man hat das Bedürfnis, Umstehende daran teilhaben zu lassen: »O Gott, endlich! Hahaha! Ich musste den ganzen Tag schon niesen«, ruft man dann panisch lachend und setzt noch ein kathartisches Stöhnen obendrauf.

Wenn ich das Inkognitofenster schließe und das orgiastische Gestöhne in meinen Ohrstöpseln abrupt verebbt, weine ich. Inzwischen ist mir bewusst, dass Pornos nicht echt sind, und da ich oft über meine Schwierigkeiten spreche, zum Orgasmus zu kommen, weiß ich, dass ich nicht die Einzige bin. Aber dennoch empfinde ich eine Einsamkeit, eine Art große Trauer, die stets unter der Oberfläche lauert. Ich genieße Sex nach wie vor, denn beim Sex geht es nicht nur um den Orgasmus, aber wenn das Fehlen des Orgasmus keine freie Entscheidung ist, ist *The Big O* dennoch ständig präsent.

Eine Frau erzählte mir, dass ihr Ex sie verlassen hatte, weil er es nicht mehr aushielt, dass sie nie kam. Er hatte es zu seinem eigenen Problem gemacht und hielt es nicht mehr aus, ständig vermeintlich zu scheitern. Sie hingegen genoss den Sex und hatte akzeptiert, dass sie nicht zum Orgasmus kam. Ich reagierte empört, musste aber abends, als ich im Bett lag, an all meine Beziehungen denken, die am Sex gescheitert waren. Auch meine Ex-Freunde hatten sich schuldig gefühlt, weil sie es nicht vermochten, mich zum Höhepunkt zu bringen. Ich sah sie wieder vor mir, ihre enttäuschten Blicke, wenn sie nach ellenlangem Vorspiel ermüdet unter der Decke hervorgekrochen kamen. Ich hörte mich wieder Ausreden erfinden, um ja nicht geleckt werden zu müssen: »Nein, nein, ich möchte dich einfach nur in mir, das ist alles.« Ich spürte den Schmerz, der nach dem Sex folgte, weil ich noch nicht feucht genug für die Penetration war. Ich sah die Tränen, die ich verbarg, wenn derjenige nach kurzer Penetration zum Höhepunkt kam. Ich war so einsam in dieser Zweisamkeit. Und zu alledem überkamen mich meine alten Schuldgefühle wieder, weil ich, wie ich damals glaubte, ihnen etwas vorenthielt. Die Möglichkeit, ihrer Freundin den ultimativen Gipfel der Lust zu bereiten.

Ich starrte zur Decke, holte meinen Vibrator heraus und weinte lautlos, bis ich kam.

Nein

Es war eine dieser besonders schwülen Sommernächte, als ich mit einem Freund auf einer Bank in Amsterdam einen Joint rauchte. Wir schauten alberne Videos über Hühner und kamen aus dem Lachen nicht mehr raus. Die wenigen Passant:innen, die vorbeikamen, schauten auf uns herab, so wie ich auf die Tourist:innen herabschaue, die kiffen und sich schlapplachen.

Wir wiesen zwei betrunkenen Jungen den Weg, sahen zweimal eine Frau mit Hund und Mann im Schlepptau vorbeilaufen und starrten auf das Wasser in der Gracht. Stille.

»Denkst du noch manchmal daran, was da mal passiert ist?«, fragte ich.

»Ja«, sagte er.

Ein paar Jahre zuvor lagen wir in seinem Bett. Dass ich bei ihm übernachten würde, war zuvor abgesprochen, ich wohnte nicht in Amsterdam und konnte nach Partys bei ihm pennen. Nach ungefähr acht Bier knutschten wir plötzlich miteinander rum. »Ich schlafe heute Nacht hier, aber mehr läuft nicht, okay?« In gewisser Weise bat ich ihn um Genehmigung. Und trotzdem landete ich im Bett mit einem Typ, der mehr wollte als ich. Und ich hatte zwar gewissermaßen Nein gesagt, aber nicht sehr entschieden. Vielleicht lachte ich auch dämlich dazu, als ob ich eigentlich »Ja« meinte. Und außerdem haben wir den ganzen Abend geknutscht, sagte die kleine Stimme in meinem Kopf. Wir lagen also in Löffelchenstellung in seinem Bett, er küsste mich gierig in den Nacken und versuchte, mich zu überzeugen mit »Das fühlt sich doch gut an« und »Du bist doch auch geil.« Halb stieg ich drauf ein. Zugegebenermaßen fühlte es sich einfacher und sicherer an, als Nein zu sagen, aber als ich schon beschloss, einfach mitzumachen, merkte ich, dass ich meine Arme vor meinem Unterleib überkreuzt hatte. Ich schirmte mich buchstäblich ab. Resolut drehte ich mich um und machte deutlich, dass ich das nicht wollte. Er verzog sich in sein eigenes Bett und schlief schnarchend ein.

Verflucht noch mal. Um ein Haar hätte ich es getan, nur um es hinter mich zu bringen.

Am nächsten Morgen schämte er sich entsetzlich.

»Sorry.«

»Schon gut.«

Ich dachte, das würde unsere Freundschaft trüben, aber wir redeten einfach nicht mehr darüber.

Bis zu jener Nacht. Alles an ihm machte deutlich, dass er auch jetzt nicht darüber reden wollte. Er schaute mich nicht mehr an, rutschte umher und kratzte sich an der immer röter werdenden Stelle am Hals. Und doch verstrickten wir uns in ein Gespräch oder vielmehr in einen Monolog meinerseits über »schwammige« Grenzen, die in ungewolltem Sex endeten. Ich erzählte ihm von einer Freundin, die jemanden aus einem Club mit nach Hause genommen und mehrfach deutlich gemacht hatte, dass er zwar bei ihr übernachten dürfe, sie aber keinen Sex wolle. Natürlich, kein Problem, sagte er. Als sie im Dunkeln im Bett knutschten, stieß er auf einmal seinen Penis in ihre Vagina, ohne Kondom.

»Ich glaub nicht, dass das häufig vorkommt, Joy. Ich möchte doch hoffen, dass das eher die Ausnahme als die Regel ist.«

»So was geschieht uns Frauen. Das sind keine Ausnahmen.«

Das Gras war alle. Ich lachte nicht mehr, und mein Freund starrte enorm angespannt vor sich hin. Nach einer filmischen Stille, die sich anfühlte wie fünf Minuten, atmete er tief ein und scharf aus und sagte: »Ja.«

Ja? Das war seine Antwort auf meine ganze Geschichte? Sein nonchalantes »Ja« wirkte zum Teil wie eine Bewertung dessen, was damals im Bett zwischen uns passiert war. Plötzlich merkte ich, dass ich auf Verständnis hoffte, auf eine Entschuldigung, auf ein »Ich kann nicht fassen, wie ich mich verhalten habe«. Irgendwas.

Er sei müde, sagte er und stand auf. Wir liefen zu meinem Fahrrad, plauderten noch ein wenig, gaben einander einen Corona-Ellbogen-Stupser und verabschiedeten uns.

»Komm gut nach Hause, ja?«, rief er mir nach.

Aha. Er war sich also durchaus der Tatsache bewusst,

dass ich mich als Frau in einer Welt bewege, in der ich nicht einmal selbstverständlich davon ausgehen kann, sicher die Straße entlangzugehen, wegen, ja: Männern. Er erkannte eine Angst an, die auch er vor *dem Mann* spürte. Ob er jemals wirklich einen Zusammenhang zwischen unserem Gespräch und sich selbst als Mann herstellte, bleibt jedoch fraglich.

Ich atmete tief und scharf ein, drehte mich um und sagte: »Ja.«

Im Zeeman-Slip

Mein erstes Schamhaar entdecke ich, da bin ich acht. Ich stehe im Bad und trage nichts, bis auf so einen babyblauen elastischen Slip von Zeeman. So ein Slip aus einem Material, bei dem ich heute als erwachsene Frau spontanen Scheidenpilz kriegen würde, weil meine Vulva mit sechzehn plötzlich beschloss, fortan immer frei atmen zu wollen.

Ich bin gerade aufgewacht und ziehe meinen Slip aus, um duschen zu gehen. Als ich plötzlich ein Haar entdecke, denke ich, dass es wohl versehentlich von meinem Kopf in meinem Slip gelandet sein muss und ziehe es mit einem Ruck aus meinem Venushügel. Ein heftiger Schmerz durchfährt mich. Ich bin so verdutzt über die Tatsache, dass plötzlich ein Haar (!?) auf meiner bis dahin stets glatten Muschi wächst, dass ich gut eine Minute lang mit dem Haar und meiner Verblüffung im Bad stehen bleibe.

Von da an verlief alles ganz schnell. Binnen kürzester Zeit bekam ich Achsel- und Schamhaare *all over the place* (warum hatte mich niemand vorgewarnt, dass mir

Haare in der Poritze wachsen würden). Und ein Damenbart kam auch noch hinzu. Der Streifen von meiner Vulva hoch zum Bauchnabel wurde von sichtbaren schwarzen Härchen bedeckt, und auf meinem Bauch und Rücken wuchs ein schwarzer Flaum. Als ich in der dritten Klasse ein Top mit Spaghettiträgern trug, wurde ich gehänselt, weil unter meinen Achseln Haare hervorragten.

Ich schämte mich enorm. In meinem Tagebuch beschrieb ich mich selbst an jenem Tag als »haariges Monster«. Meine weißen Freundinnen hatten noch keine Behaarung, und als sie später welche bekamen, ging es bei ihnen als »niedlicher goldblonder Flaum« durch. Ich wollte alles abrasieren, aber auf Geheiß meiner Mutter musste ich damit warten, bis ich neun war.

Mit dreizehn ging ich nach Jahren des Rasierens und eingewachsener Haare zu meinem ersten Brazilian Waxing. Alles musste weg. Ich war geradezu besessen. Es war das erste Mal, dass jemand meine Vulva sah, und ich hatte noch dazu das große Glück, direkt unter einer Neonröhre zu liegen.

Die Enthaarung tat schrecklich weh. Mein Venushügel begann an Stellen zu bluten, an denen gerade noch Haare gesprossen waren. Die Haare, die das Wachs nicht erwischt hatte, und das waren etliche, wurden mit der Pinzette gezupft. Ich wusste mir nicht mehr zu helfen vor Schmerz. Ich spannte meinen Körper so fest an, dass ich fast einen Pups ließ.

»Kannst du dich auf den Bauch legen und deine Pobacken auseinanderziehen?«

Mein Tiefpunkt war erreicht, und mit einem Gefühl maximalen Unwohlseins zog ich meine Pobacken auseinander. Witzigerweise tat dieser Teil viel weniger weh.

»Willst du auch deinen Rücken und deinen Damenbart enthaaren?«

»Oh, ähm, ja, machen Sie ruhig.«

Ich ließ auch gleich noch meinen Bauch und meine Augenbrauen epilieren.

Zuhause betrachtete ich zufrieden meinen gemarterten Körper. Er war rot und blutete noch hier und da, aber er war haar- und stoppelfrei. Endlich.

Ich wünschte, dass ich heute, Jahre später, sagen könnte: Was war ich damals töricht, heute tue ich das nicht mehr! Stattdessen habe ich das Waxen durch eine langwierige Laserbehandlung ersetzt. Permanent haarfrei, das ist nun das Ziel. Ich gebe jährlich noch immer Tausende Euro aus, um dem Schönheitsideal zu entsprechen. Noch immer mache ich unter der Dusche gefährliche Verrenkungen, um mich zu rasieren. Und für wen das alles? Für die anderen. Für meine Sexpartner, für die Gynäkologin, für die Einkleider:innen am Filmset oder für den Mann, der im Zug auf meine Beine starrt. Natürlich genieße ich es, wenn meine Beine frisch rasiert sind und sich anfühlen wie ein nasser Delfin, aber meine Poritzenhaare stören mich eigentlich gar nicht. Meine Scham deswegen aber schon. Es ist ein langer Weg hin zur Selbstakzeptanz und ich bin noch lange nicht angekommen. Aber dreimal das Wort Poritze(nhaare) aufgeschrieben zu haben, ist sicher ein erster Schritt in die richtige Richtung.

Reptiliengehirn

Triggerwarnung: Missbrauch

Nach langer Zeit ging ich wieder zu einer Therapeutin. Am Ende des Aufnahmegesprächs fragte sie, ob es noch etwas gäbe, das sie wissen müsse.

»Ähm, ja, ich hab schon mal … hatte ich das schon erwähnt? Das mit dem Sex, meine ich? Also, ich …«

Meine nüchterne Therapeutin sieht mich stirnrunzelnd an. Kein böses, eher so ein »Ich versuche dir zu folgen«-Stirnrunzeln. Ich stolpere über meine Worte und stottere herum, da ich genau weiß, was ich sagen will, aber mich nicht traue, es auszusprechen.

»Also, ich … als ich siebzehn war … das hab ich schon mal meiner vorherigen Therapeutin erzählt, aber damals sind wir nicht weiter darauf eingegangen. Ich hab übrigens ohnehin Probleme, auf den Punkt zu kommen, haha, jedenfalls, damals, als ich siebzehn war …«

Mein Blick fällt auf die Kleenex-Box auf dem Tisch. Ich hasse die Dinger. So eine einladende »Heul ruhig, dann kommen wir weiter«-Schachtel. Diese Schachtel steht an all jenen Orten, wo ich bestimmt nicht weinen will.

Ich atme tief ein und erzähle davon, wie ich mit siebzehn mit meiner sieben Jahre älteren Schwester in den Urlaub nach Marmaris gefahren bin.

In Marmaris angekommen wollte ich meiner Schwester beweisen, dass ich auch allein in den Urlaub hätte fahren können, ohne sie. Nicht dass ich mich das wirklich getraut hätte. Mehr noch, ich würde erst mit dreiundzwanzig das erste Mal alleine wegfahren, aber ich wollte unbedingt beweisen, dass ich es konnte, dass ich nicht mehr die kleine Schwester war. Vor allem wollte ich es aber mir selbst beweisen. Als Kind ging ich nur bei anderen übernachten, wenn meine Schwester dabei war, sonst bekam ich furchtbares Heimweh. Selbst als ich einmal bei meiner besten Freundin übernachtete, die in derselben Straße wohnte, musste ich mitten in der Nacht (na ja, zehn Uhr abends) heulend nach Hause gebracht werden.

In besagtem Sommerurlaub geriet ich in die Fänge eines zweiunddreißigjährigen Mannes. Fünfzehn Jahre älter als ich damals. Er wusste übrigens, dass ich siebzehn war, aber statt dass ihn diese Info abhielt, schien es ihn im Gegenteil sogar noch zu ermutigen. Er gehörte zu einer Gruppe von Freunden, mit denen wir abhingen. Die zwei anderen Männer waren lieb. Dieser Mann nicht. Er war kalt und beobachtete mich wie ein Raubtier, das jeden Moment zuschlagen konnte. Er strahlte eine eisige Dominanz aus und trug ständig Abercrombie & Fitch-Shirts, die ich bis heute mit Gefahr verbinde (hallo Trauma).

Am letzten Abend fuhren wir alle zusammen nach einem langen Tag am Badeort Orhaniye zurück. Er fuhr uns aber nicht, wie ich erwartet hatte, zu unserem Hotel, sondern zu seinem Hotel. Sein engster und liebster Freund, Mahmut, der immer ein wenig ein Auge auf mich hatte, sobald sich dieser gruselige Typ mir näherte, ging schlafen. Letztlich saßen wir zu viert am verlassenen Swimmingpool, und ich musste dringend pinkeln. Ich hatte zwei Optionen: Entweder konnte ich die Toilette in seinem Hotelzimmer benutzen, oder ich musste mich wie die anderen bis auf die Unterwäsche ausziehen und so tun, als würde ich schwimmen gehen, um ins Wasser zu pinkeln. Die Entscheidung war schnell getroffen.

Kurz darauf setzte ich mich klatschnass und ohne Handtuch so weit weg von ihm wie nur möglich. Es zog dort ziemlich und er rief mir zu, ich solle mich zu ihm setzen, wo es windgeschützt sei. Ich sagte ein paarmal Nein, aber er hatte so eine zwingende Art an sich und einen so intensiven Blick, dass ich mich nicht traute, ihm auf Dauer zu widersprechen. Widerwillig nahm ich auf der Liege Platz, wo er saß.

Von diesem Moment fühlte sich alles an, als würde ein Film ablaufen. Als wäre es nicht mein eigener Körper, sondern der einer Schauspielerin in einem schlechten B-Movie.

Während meine Schwester und der übrig gebliebene Freund im Swimmingpool herumalbern, sitzen er und ich auf der Liege. Plötzlich befiehlt er mir, mich hinzulegen. Meine Augen suchen in der Dunkelheit die meiner Schwester, aber sie schaut nicht her. Er drückt mich hinunter. Alles kommt mir vor wie in Slow Motion. Er will, dass ich ihn küsse, und drückt seine Lippen auf meine, ich spüre seine Zunge in meinem Mund, aber ich rühre mich nicht.

»*Kiss me, kiss me*«, befiehlt er mir und legt meine Hand auf seinen steifen Penis, der unter seiner Leinenhose spürbar ist.

Ich bin noch Jungfrau. Ich habe keinerlei sexuelle Erfahrung. Ich habe noch nie einen Penis angefasst, kein Mann hat je meine Vulva angefasst, das alles nimmt er mir. Er nimmt mir all meine spannenden ersten Male dort auf dieser Scheißliege. Alle Male, bei denen ich selbst hätte entscheiden können, wann ich bereit dafür bin. Alle Male, die schön, lieb und unschuldig hätten sein sollen. Es ist völlig ausgeschlossen, dass dieser Mann glaubt, ich wolle das. Er weiß verdammt noch mal ganz genau, was sich hier abspielt. Ich sage weder Ja noch Nein. Ich atme nicht mal mehr, und es ist, als könne ich mich nicht mehr rühren, nichts mehr sagen.

»Das liegt am Reptiliengehirn«, sagt meine Therapeutin plötzlich. »Kämpfen, flüchten oder erstarren.«

»Kiss me, kiss me, don't you want me?« Ich fühle seine gierige Hand hinunter zu meiner Vulva gleiten, es scheint ewig zu dauern. Seine Zunge, die über meinen Hals gleitet, seine Lippen auf meinem Gesicht, seine schwere Stimme in meinen Ohren. Wenn ich es einfach über mich ergehen lasse, ist es vielleicht gleich vorbei, denke ich.

Aber als seine Hand den nassen Stoff meines Strings erreicht, kriege ich plötzlich wieder Luft. »*No*«, versuche ich es zaghaft. Als er den Stoff hochschiebt: »*No!*«

Mein Nein scheint nicht zu helfen, und die *kiss me*'s und *don't you want me*'s prasseln auf mich ein, während seine Finger sich einen Weg zu meiner Vagina bahnen.

»NO!« Ich schnelle hoch. Mein Reptiliengehirn entscheidet sich auf einmal für eine andere Taktik. Meine Schwester springt aus dem Pool und sieht mich erschrocken an. »*If she says no, it's no!*«

Wieder zurück im Hotel fange ich an, heftig zu weinen. Ich habe einen großen Knutschfleck links am Hals. Ich fühle mich so beschmutzt. Benutzt und schwach. Ich dusche lange, aber ich kann es nicht von mir abwaschen. Ich weine in den vertrauten Armen meiner Schwester. »Warum hast du nichts gesagt?«, fragt sie.

»Weil ich keine Spielverderberin sein wollte«, sage ich. »Es sah so aus, als hättest du Spaß, da wollte ich nicht stören ... Warum hast du nicht eher eingegriffen?«, frage ich.

»Zum Teufel noch mal, Joy, die Typen kümmern mich kein bisschen. Du bist der wichtigste Mensch in meinem Leben. Ich habe nur nicht eingegriffen, weil ich nicht die ältere Schwester sein wollte, die dir in die Quere kommt. Hat er dich begrapscht? Wo hat er dich angefasst, Joy?«

Ich war noch nicht bereit für einen Urlaub allein. Bis heute frage ich mich, was in jener Nacht passiert wäre, wenn meine Schwester nicht da gewesen wäre. Wenn sein Freund nicht da gewesen wäre. Wäre ich imstande gewesen, diesen Mann aufzuhalten? Hätte er zugelassen, dass ich ihn aufhielt?

Es ist leider nicht die einzige beängstigende Situation, in der ich gelandet bin, aber er ist der einzige Mann, mit dem ich nie mehr reden kann. Ich kann ihm nie mehr sagen, was für ein unglaubliches Arschloch er ist, und das dann mit feministischen Erkenntnissen unterfüttern.

»Und darum habe ich es bis heute nicht verarbeitet«, erzähle ich schluchzend der Therapeutin. Ich ziehe ein Taschentuch aus der verfluchten Kleenex-Box und seufze tief.

»Warum bringt Sie das so sehr zum Weinen?«, fragt sie. Eine echte Therapeutenfrage.

»Weil ich bald meine Tage kriege und gerade an PMS leide und zu alledem schlecht geschlafen habe«, sage ich ausweichend. Aber in Wirklichkeit weine ich, weil ich so erschrocken bin über meine eigene Reaktion. Ich dachte, ich könne damit umgehen, den Sachverhalt nüchtern vortragen. Ich bin sechsundzwanzig, aber ich fühle mich wieder wie siebzehn. Mein Reptiliengehirn ist erstarrt.

Die Stunde war vorbei. Ich eilte nach Hause, wusch mir das Gesicht, machte mich zurecht und fuhr zu einer Castingagentur. Vor der Probe im Theater hatte ich noch ein Vorsprechen.

Es heißt Vulva

So ziemlich alles, was ich über Vulven weiß, habe ich mir in den letzten drei Jahren selbst angeeignet. Ich habe mir Bücher dazu gekauft, Artikel gelesen, Dokumentationen geguckt und unbequeme Fragen gestellt. Und jedes Mal, wenn ich auf neue Infos stoße, erstaunt es mich wieder, wie wenig ich über Vulven wusste, während ich über Penisse so gut wie alles weiß.

In der Schule lernte ich über Schwellkörper, empfindliche Eicheln, Sperma, gerissene Penisbändchen, die Vorhaut, feuchte Träume und die Morgenlatte. Ich lernte sogar, wie der *musculus cremaster*, der Hodenheber, dafür sorgt, dass die Temperatur der Spermien immer ein paar Grad unter der Körpertemperatur liegt, indem er den Hoden kontinuierlich zum Körper hin oder vom Körper weg bewegt. Aber über meine Klitoris erfuhr ich nichts. Dass sie die Größe einer Erbse hat, das lernte ich, ja. Und etwas über Eizellen und das mysteriöse Feuchtwerden. Darüber, wie die Befruchtung abläuft und in welche Löcher ein Penis passt. Aber dass die Klitoris doppelt so viele Nervenenden enthält wie die Eichel oder dass die Klitoris tief in den Unterleib reicht und ungefähr zehn

Zentimeter lang ist und der »G-Punkt« insofern nur ein Teil der Klitoris ist, lernte ich nicht. Eigentlich bin ich, grob gesagt, mit der Vorstellung aufgewachsen, dass meine Geschlechtsorgane lediglich dem Sex und der Fortpflanzung dienen und ansonsten da unten nicht viel passiert.

Lange Zeit habe ich meine Vulva gehasst, weil ich sie nicht verstand und nicht wusste, ob alles normal funktionierte. Mehr noch, ich wusste nicht mal, was normal funktionieren bei einer Vulva konkret heißt. Mit fünfzehn hatte ich mal einen Monat lang meine Tage. Panisch ging ich zur Frauenärztin. Nach einer kurzen Konsultation zum Thema unregelmäßiger Zyklus wurde mir direkt die Antibabypille verschrieben. Manchmal frage ich mich, inwiefern das nötig war. Vielleicht lag es einfach nur am Prüfungsstress, und ich hatte Hormonschwankungen, das kommt ja mal vor. Vielleicht hätte meine Frauenärztin mir meinen Zyklus erklären können, und ich hätte stattdessen gelernt, damit umzugehen. Denn erst jetzt, da ich die Pille abgesetzt habe, verstehe ich, was mein Körper braucht, wenn ich stressbedingt meine Regel eine Woche zu früh oder zu spät kriege.

Mit dreiundzwanzig entdeckte ich *The Vulva Gallery* auf Instagram. Die Betreiberin der Seite, Hilde Atalanta, malt echte Vulven von Menschen weltweit. Man kann ihr (nach Absprache) ein Foto schicken, und daraus macht Hilde dann ein Aquarell. Die gemalte Version wird dann, zusammen mit einer kurzen persönlichen Vulva-Geschichte der betreffenden Person, auf Instagram eingestellt.

Es war das erste Mal, dass ich realistische Darstellungen anderer Vulven sah. Ich kaufte mir Hildes Buch *A Celebration of Vulva Diversity* und schaute mir stundenlang die ganze Vielfalt an asymmetrischen, kleinen, großen, langen, dünnen und vor allem ECHTEN Vulven an. Noch nie hatte ich mich so normal gefühlt, was meine Vulva anging. In dem Buch erfuhr ich auch jede Menge über ihre Anatomie – die Schwellkörper der Klitoris, die kleine »Kapuze«, die über der Klitoris sitzt, die Eichel der Klitoris und sogar, aus welchen Schichten meine Vagina aufgebaut ist. Die Klitoris sieht, wie man auf meinem Buchcover sehen kann, aus wie ein kleiner Schwan.

Dass meine Vulva so viel mehr ist als nur die Vagina, das weiß ich inzwischen. Es hätte mir aber viel Unverständnis und Scham erspart, wenn ich das schon in der Schule gelernt hätte.

Milady Candida

Es ist 2012 im Winter, und meine Klassenkamerad:innen und ich haben ein Roompot-Ferienhaus in Bad Bentheim gemietet.

Ich darf nichts trinken, weil ich eine hartnäckige Kehlkopfentzündung habe, die mir bizarrerweise abgesehen von geschwollenen Mandeln keine Beschwerden macht, und bin inzwischen bei meiner zweiten Antibiotika-Kur angelangt. Am dritten Abend schauen wir einen Film, als plötzlich meine Vulva juckt. So unauffällig wie möglich versuche ich, durch meine Jogginghose hindurch zu kratzen, aber statt mir Linderung zu verschaffen, juckt meine Vulva nur noch mehr. Ich habe mich am Vortag rasiert, vielleicht sind das einfach eingewachsene Schamhaare, überlege ich. Aber das Jucken wird immer schlimmer, und inzwischen ist es, als stünde meine Vulva in Flammen.

Als ich zur Toilette eile und meinen String runterziehe, erschrecke ich. In meinem String entdecke ich ungewöhnlichen Ausfluss. Dick und weiß. Mir bricht der Schweiß aus, denn ich denke sofort an eine Geschlechtskrankheit, dabei habe ich bis dahin noch nie Sex gehabt. Ich wische den Stoff sauber, wasche mir gründlich die

Hände und setze mich mit unterdrückter Panik wieder auf die Couch.

Nach fünf Minuten geht mir ein Licht auf. Die Antibiotika. Hatte ich auf der Packungsbeilage nicht auch was von Scheide gelesen? Nach dem Film renne ich so unbemerkt wie möglich in mein Zimmer und überfliege hastig den Beipackzettel. Übelkeit, Erbrechen, eine schwarze Zunge? Was zum Henker schlucke ich da? Durchfall, Gürtelrose, blablabla …

Und dann steht es da: Scheidenpilzinfektion.

All meine Symptome stimmen: Jucken, ein brennendes Gefühl und verstärkter geruchloser Ausfluss. Ächz und bäh.

Die Antibiotika töten nicht nur die schlechten Bakterien meiner Kehlkopfentzündung, sondern teilweise auch die guten Bakterien in meinem Körper, lese ich online. Und so kann sich der Hefepilz namens Candida albicans, der von Natur aus in unserem Körper vorkommt, weiter ausbreiten und für ein Ungleichgewicht der Scheidenflora sorgen, was dann zu einer Scheidenpilzinfektion führt. Eigentlich also eine Hefepilzinfektion, aber so nennt es niemand.

Wieder zu Hause bekomme ich ein Mittel gegen meine Infektion. Eine dicke, weiße Creme, die man vor dem Schlafengehen mit einer Spritze in die Scheide injiziert. Die läuft im Tagesverlauf immer so ein bisschen aus, was sich unglaublich widerlich anfühlt. Die Nebenwirkungen sind unter anderem Jucken, ein brennendes Gefühl, Hautrötungen und sogar Ohnmacht. Jucken mit Jucken bekämpfen, das ist doch mal was.

Nach einer laaaangen Woche bin ich meine Infektion los. Aber im Monat darauf, eine Woche, bevor meine Menstruation einsetzt und meine Abwehrkräfte somit besonders schwach sind, bekomme ich wieder dieselben Symptome. Ich fange an zu heulen und kriege von meiner Frauenärztin zu hören, dass man, wenn man einmal Candida hatte, dafür unter Umständen anfällig bleiben kann.

Was folgt, ist ein Jahr voller Verzweiflung und Jucken. Ich habe zum ersten Mal Sex, was es nur noch schlimmer macht, denn Penis und Sperma bringen den pH-Wert in der Scheide durcheinander, also ein idealer Nährboden für Milady Candida.

Aber dann bin ich nach einem Jahr plötzlich geheilt. Sieben Jahre lang habe ich meine Ruhe.

Bis letzten Dezember. Ich war gestresst, mein Immunsystem geschwächt, mein Augenlid entzündet, ich schlief fast nicht und aß zu viel Zucker. Und schon war sie wieder da: Milady Candida. Wieder ging ich zur Frauenärztin und bekam ein Mittel dagegen. Wieder spürte ich die Scham von damals. Und die Angst. Denn ich wusste nicht, wie lange sie diesmal vorhatte zu bleiben.

Ich spüre den Drang, hier unbedingt festhalten zu müssen, dass sie diesmal nur zwei Monate blieb und ich inzwischen wieder geheilt bin. So von wegen: »Ich teile das mit euch, um ein Tabu zu brechen, aber nicht, dass ihr denkt, ich wäre irgendwie eklig, ich bin's wieder los!« Was im Grunde das Tabu nur wieder bekräftigt. Aber so gern ich es auch möchte, ich kann diese Dinge nicht erzählen, ohne an meine künftigen Dates zu denken, die womöglich dieses Buch lesen oder meinen Namen googeln und dabei über diese Geschichte stolpern und denken: »Igitt!«.

Aber, liebe zukünftige Dates, wenn ihr das lest und »Igitt!« denkt, dann bleibt bitte gleich zu Hause. Denn von all dem Stress aus Angst vor eurem Urteil krieg ich gleich wieder 'ne Scheidenpilzinfektion.

Yes, I May Destroy You

Wenn man Sex mit einem Mann hat und dieser heimlich, ohne Zustimmung, das Kondom abzieht oder gar keins benutzt, nennt man das *stealthing*. Das erste Mal habe ich das Wort 2020 in der Serie *I May Destroy You* von Michaela Coel gehört. In der Serie hat die Hauptfigur Arabella (gespielt durch Coel) Sex mit einem Kollegen. Als sie, nachdem er gekommen ist, merkt, dass er kein Kondom mehr trägt und sie ihn darauf anspricht, sagt er nur unschuldig: »I thought you could feel it.«

Statt wütend zu werden, vertraut sie ihm, und sie gehen zusammen in den Nachtshop, wo sie die Pille danach kauft, danach laufen sie noch ein wenig gemeinsam durch die Straßen. Erst als sie ein paar Tage später in einem Podcast hört, dass dieses Phänomen einen eigenen Namen hat, nämlich *Stealthing*, und sie dahinterkommt, dass sich Männer in Online-Foren gegenseitig Tipps geben, wie sie mit dieser Form der sexuellen Gewalt davonkommen, wird Arabella klar, was er ihr angetan hat. Es war von Anfang an geplant.

Während ich gebannt die Folge guckte, begann es in mir zu arbeiten.

Ich bin zweimal Opfer von *Stealthing* gewesen, aber erst als ich *I May Destroy You* sah, konnte ich benennen, was mir passiert war.

Ich weiß noch gut, dass ich, als mir das zum ersten Mal passierte, so verdattert war, dass ich zunächst gar nichts dazu sagen konnte. Es passierte beim allerersten Sex nach einer zweijährigen Beziehung mit meinem ersten Partner. Ich kannte den betreffenden Mann schon eine Weile von meinem Praktikum, wo er hinter der Bar gearbeitet hatte, deshalb vertraute ich ihm. Wir waren bei ihm zu Hause und saßen so da und quatschten, bis wir irgendwann anfingen zu knutschen. Er sagte, ich solle mich hinlegen und die Augen zumachen. »Entspann dich«, so was in die Richtung. Dann wanderte sein Mund küssend an mir herunter, und ich dachte, gleich würde er mich fingern oder lecken. Doch dann spürte ich plötzlich, wie er in mich stieß. Ich erschrak und wollte etwas sagen, aber dachte dann: »Jetzt ist es eh zu spät, falls er irgendeine Geschlechtskrankheit hat, hab ich mich schon angesteckt.«

Nachdem er das Produkt seines Höhepunkts über meinen Oberkörper verteilt hatte, sagte er keuchend und zufrieden: »Also, kommen ist echt geil!«

Frustriert starrte ich an die Decke. Diesen Satz wagte er tatsächlich auszusprechen, nachdem er sich nicht mal ansatzweise die Mühe gemacht hatte, mir zum Orgasmus zu verhelfen. Wie dreist konnte man sein.

Als wir kurze Zeit später in der Küche eine Banane aßen, fragte er mich plötzlich: »Du nimmst doch die Pille, oder?«

»Nein«, sagte ich und sah ihm direkt in die Augen. Ich

ließ ihn so lange wie möglich im Ungewissen, bis ihm die Panik ins Gesicht geschrieben stand. Zum ersten Mal an diesem Abend empfand ich Macht.

»Warum hast du dann nichts gesagt?« Er legte seine Banane hin. »Tja, du warst schon in mir drin, bevor ich irgendwas sagen konnte«, sagte ich ganz beiläufig, während ich mir das letzte Stück Banane in den Mund steckte. Er sah mich an, als sei ich diejenige, die verrückt geworden sei. »Ich nehm die Pille, aber es war nicht besonders cool von dir, einfach in mir zu kommen.«

Er lachte erleichtert. »Ja, ich ficke nicht mit Kondomen, dann spüre ich nichts und komme nicht.«

Ich wünschte, ich hätte mich damals berechtigt gefühlt, wütend auf ihn zu werden und zu schreien: »Was zum Teufel machst du da?«, als ich ihn in mir spürte. Und ihn für den Test auf Geschlechtskrankheiten zahlen zu lassen, den ich drei Wochen später vorsorglich machte. Er war dreißig und machte das, nicht weil er dumm oder unerfahren war, sondern einfach weil er fand, dass sein Genuss wichtiger war als meine Gesundheit. Als meine Sicherheit. Was ich wollte, kümmerte ihn nicht.

Stealthing ist nicht strafbar*, aber man kann es zur Anzeige bringen, denn immerhin hat man geschütztem Sex zugestimmt, nicht ungeschütztem. Das wusste ich an jenem Abend nicht, aber inzwischen weiß ich es sehr gut.

---

* In den Niederlanden wurde im März 2023 erstmals eine 3-monatige Bewährungsstrafe wegen Stealthing verhängt. In Deutschland sowie einigen anderen Ländern ist es bereits seit einigen Jahren strafbar.

Wirst du denn feucht?

Als ich neunzehn war, ging ich auf Anraten meines ersten Freundes zur Ärztin, die, da sie aus Surinam kam und ich sie von Kindesbeinen an kannte, wie eine Tante für mich war. Vor ihr zugeben zu müssen, dass ich sexuell aktiv war, war mir extrem unangenehm.

»Was kann ich für dich tun, *gudu*?«

»Na ja, ich habe irgendwie immer Schmerzen, während des, ähm, während des Sex. Es scheuert so. Und brennt.«

»Könnte es eine Geschlechtskrankheit sein?«

»Nein.«

»Sicher?«

»Ja. Na ja , ja? Ja.«

»Ist dein Freund übermäßig groß beschaffen?«

Ich lachte ausgelassen. »Nein, das auch nicht.«

»Bist du denn auch erregt, wenn ihr Sex habt?«

Ich stotterte vor mich hin.

»Wirst du denn feucht?«

Du liebe Güte, Tante, muss das sein?

»Nicht so richtig.«

In Wahrheit war *nicht so richtig* noch vorsichtig ausgedrückt. Mein Freund und ich benutzten unfassbar viel

Gleitmittel vor und während jeder Penetration. Da ich keinerlei sexuelle Erfahrung hatte, ging ich davon aus, dass das normal war und penetrativer Sex immer ein wenig wehtut. Ein bisschen scheuern, ein bisschen brennen: Das gehörte dazu, vor allem bei mir. Offenbar wird meine Vagina einfach nicht so feucht, dachte ich.

Ich weiß noch, dass er mich einmal fingerte und ich zu bluten anfing, so trocken war ich. Erst als wir immer öfter aufgrund meiner Schmerzen den Sex vor seinem Orgasmus abbrechen mussten und es insofern nicht »zu Ende« bringen konnten, begannen wir, es als Problem zu begreifen.

»Vielleicht bist du zu verkrampft?«, fuhr meine Tante, die Ärztin, fort. »Und du bist natürlich unsicher, das kann auch mit rein spielen.«

Ich verstummte und nickte. Sicherheitshalber machte sie doch noch einen Test auf Geschlechtskrankheiten, und als der negativ ausfiel, also mit mir alles in Ordnung zu sein schien, machten mein Freund und ich mit unserem schmerzhaften Gleitmittelsex weiter. Bis wir uns zwei Jahre später trennten.

Es folgten vier Jahre Sex mit wechselnden Partnern, und auch in neuen Beziehungen hatte ich regelmäßig Schmerzen oder ein brennendes Gefühl in der Scheide. Das führte dazu, dass ich den Sex praktisch nie initiierte, meine Libido war so gut wie verschwunden. Meine ganze Pubertät lang hatte ich mich danach gesehnt, und meine Hormone hatten derart verrückt gespielt, dass mich schon ein lauer Frühlingswind erregen konnte. Aber als ich dann endlich mit anderen sexuell intim wurde, schien von dieser Lust nichts mehr übrig zu sein.

Bis ich mich mit dreiundzwanzig so richtig verknallte. Eine Sommerliebe. Mein Kopf wusste davon noch nichts, mein Körper aber schon. Zum ersten Mal in meinem Sexleben fühlte ich mich extrem zu jemandem hingezogen. Und so klischeehaft es auch klingt: Plötzlich ging es wie von selbst. Auf einmal wurde ich feucht und ergriff genauso oft die Initiative wie er. Ich war nicht mehr so verkrampft und lernte, den Sex wirklich zu genießen. Sex wurde zum ersten Mal in meinem Leben zu einer Handlung, bei der ich loslassen und abschalten konnte. Und vor allem: Es tat endlich nicht mehr weh. In diesem Sommer lernte ich, dass Erregung die wichtigste Voraussetzung für guten Sex ist. Klingt eigentlich logisch, aber früher, als Sex noch »durchhalten« hieß, dachte ich auch, ich sei erregt, schließlich hatte ich keine Vergleichsmöglichkeit. Und während ich früher Gleitmittel einsetzte, wenn ich trocken war, höre ich heute einfach mit der Penetration auf und vergnüge mich anderweitig mit meinem Partner, bis ich wieder erregt und feucht genug bin. Nach sechs Jahren hatte ich also endlich gelernt, auf die eindeutigen Signale zu hören, die mir meine Vulva gab. Ich weiß nicht, wie lange ich noch schmerzhaften Sex gehabt hätte, hätte ich nicht diese Sommeraffäre getroffen. Ich musste erst echten Genuss erleben, bis ich endlich erkennen konnte, dass der Schmerz, den ich stets empfunden hatte, keineswegs ein Teil von mir war.

Fühlen

In den letzten sieben Jahren hatte ich nur einen einzigen Orgasmus beim Sex mit einem anderen Menschen, ohne dass ein Vibrator im Spiel war. Sieben Jahre, in denen ich mehr als nur einmal Sex hatte. Sieben Jahre, in denen ich sogar zweimal in einer festen Beziehung war. Seit ich mit anderen schlafe, war es nie selbstverständlich, zum Höhepunkt zu kommen. Wie ich schon schrieb: Es dauerte immer lange, ich musste mich völlig entspannen können, meinem Gegenüber vertrauen und ihm glauben, dass es ihm nicht zu lange dauern würde und dass er es auch wirklich wollte. Das funktionierte manchmal noch in Beziehungen, aber als ich vor fünf Jahren wieder Single wurde, war es praktisch unmöglich, jemanden zu finden, der diesen Kriterien entsprach. Zum Höhepunkt kam ich nur, wenn ich masturbierte. Und so wurde mein Sexleben mit anderen zu einem Sexleben ohne Orgasmen.

Etwas in mir hatte sich damit abgefunden. Die Lust auf Sex wurde eher ein Hungern nach Körperkontakt, nach überraschenden Bewegungen. Aber ein Orgasmus war nicht länger das Ergebnis von Partnersex, sondern begann, komplett losgelöst davon zu existieren. Sex wurde mehr und mehr zu etwas, das sich in meinem Kopf abspielte und nicht mehr in meinem Körper, und während ich früher beim Oralsex noch deutlich spürte, dass irgendwo in einer dunklen Ecke ein Orgasmus verborgen lag, verlor sich dieses Gefühl mit der Zeit immer mehr.

Diesen Mangel an Gefühl kompensierte ich, indem ich meine Partner herumdirigierte. Kurzes Vorspiel, danach ging es direkt zur Sache. Kommen klappte ja sowieso nicht, insofern wollte ich es »härter«. Alles eine Spur härter. Manchmal sah ich das Unbehagen in ihren Augen, weil sie mich liebten und meinen Drang nach Schmerz nicht verstanden, nicht verstehen wollten. Trotzdem bat ich sie weiterhin darum, weil ich zwar geil wurde, wenn mir jemand wehtat, aber nicht, wenn mich jemand liebhatte. Liebe und sanfte Berührungen hießen, dass ich fühlen musste, und das traute ich mich nicht mehr, aus Angst, überhaupt nichts zu empfinden.

Als ich in meiner dritten Beziehung inklusive Orgasmusproblematik steckte, bekam ich am Morgen des ersten Weihnachtstags von meinem Freund einen Vibrator geschenkt. Es war ein Womanizer und zu diesem Zeitpunkt der erste und einzige Vibrator mit Luftdruckwellen-Stimulation. Inzwischen gibt es eine Menge günstigere Varianten, wobei der Satisfyer Pro der wohl bekannteste ist. Er hat eine Düse, die man auf die Klitoris setzt, und dann saugt er, bis ein Vakuum entsteht, was sich anfühlt, als würde jemand sehr schnell an der Klitoris saugen. Der Womanizer wurde damals mit dem Werbeversprechen vermarktet, einen garantiert innerhalb einer Minute zum

Orgasmus zu bringen, und kostete etwa zweihundert Euro.

Weil ich fürchtete, dass mir auch das nicht helfen würde, öffnete ich den Womanizer nicht gleich am Morgen. Doch die Neugier war stärker. Später am Tag packte ich ihn aus und tatsächlich: Innerhalb von einer Minute kam ich zum Orgasmus. Und dann noch zu noch einem. Und noch einem. Und noch einem. Ein Weihnachtswunder.

Plötzlich hatte ich das Sexleben, das ich zuvor nie für möglich gehalten hatte, denn vom einen auf den anderen Tag war ich zu einer Frau geworden, die ständig beim Sex kommen konnte. Mein Freund und ich konnten sogar *gleichzeitig* kommen. Wir kamen uns vor wie Pornostars, multiple Orgasmen inklusive. Mein Sexleben, unser Sexleben, konnte nichts mehr trüben.

Nach ein paar Wochen, in denen ich bei jedem Geschlechtsverkehr den Vibrator hervorholte, bekam ich allerdings allmählich Gewissensbisse. Plötzlich dachte ich, dass ich vielleicht zu schamlos gewesen war in meinem Verlangen nach dem Vibrator und der Leichtigkeit, mit der ich kam. Lecken war ganz nett nebenbei, aber die meiste Zeit wollte ich einfach nur so schnell wie möglich mit meinem Womanizer zum Höhepunkt kommen.

Kurzzeitig hatte ich erlebt, was Sex für Männer sein kann: eine Orgasmus-Garantie. Aber plötzlich brachte auch mein Freund den Vibrator nicht mehr selbst ins Spiel, und jedes Mal, wenn ich es vorschlug, glaubte ich, Enttäuschung in seinem Gesicht lesen zu können. Glaubte ich, denn wir sprachen nicht über unseren Sex. Kommunikation war etwas, dem ich damals nur allzu gern aus dem Weg ging.

Also benutzten wir ihn nicht mehr. Und während ich wieder versuchte zu fühlen und dorthin zu spüren, wo der Orgasmus verborgen war, nahm er mich »härter« ran. Aber nun von sich aus, so wie ich es mir eigentlich immer gewünscht hatte. Trotzdem fing ich an zu weinen. Er erschrak, ich schluchzte noch mehr. Ein peinlich berührter steifer Penis und Rotzblasen. Ich wollte es nicht mehr härter, ich wollte von der Liebe geil werden können. Aber die Liebe, die gab es in diesem Moment eigentlich nicht mehr.

Der Vibrator hatte nur von der Tatsache abgelenkt, dass ich in der falschen Beziehung war. Dass ich nicht erregt genug war, dass ich mich nicht genug zu meinem Partner hingezogen fühlte und dass ich noch immer nicht wusste, wie mein Körper funktionierte. Ich hatte noch immer nicht gelernt zu *fühlen*.

Mit dem »härter« habe ich noch immer nicht aufgehört und greife im Zweifelsfall noch heute lieber zum Vibrator. Noch immer verkünde ich lauthals, ich hätte Schwierigkeiten zu kommen, weil das einfacher ist. Damit halte ich mir jegliche Versuche und mögliche Enttäuschungen vom Hals.

In den letzten sieben Jahren habe ich nur einen einzigen Orgasmus beim Sex gehabt, weil ich nur ein einziges Mal gewagt habe zu fühlen.

Kennst du das auch?

Als ich auf der Schauspielschule war, fuhren wir zu zehnt, fünf Frauen, fünf Männer, in den Urlaub. Es war der Morgen der Abreise, und alle waren mit Aufräumen und Packen beschäftigt, als einer der Jungs plötzlich rief: »Iih, wem gehört der denn?«

Zwischen zwei Fingerspitzen baumelte ein schwarzer Damenslip, in dessen Schritt getrockneter Ausfluss deutlich zu erkennen war. »Mir nicht«, erklang es hier und da.

Noch nicht alle Frauen waren runtergekommen, deshalb legte er den Slip auf den Boden, damit diejenige, der er gehörte, ihn mitnehmen konnte. Aber als alles besenrein und wir fertig zum Losfahren waren, lag der schwarze Slip noch immer am Boden. Inzwischen wurde hier und da kindisch gekichert, auch ich lachte und hörte, wie einige der Jungs Würgegeräusche machten oder »igitt« sagten.

»Leute, jetzt mal ehrlich, wem gehört der?«, fragte eine der Frauen. »Der gehört doch dir, oder?« Alle Augen richteten sich auf eine andere Frau.

»Nein, der gehört mir wirklich nicht!«, sagte diese schnell.

Allmählich wurde klar, dass niemand sich traute, den Slip für sich zu reklamieren, und letztlich wurde er weggeworfen. Ich weiß noch, wie erleichtert ich war. Es war nicht mein Slip, insofern war mir diese Peinlichkeit erspart geblieben, und selbst wenn es meiner gewesen wäre, hätte ich es wahrscheinlich ebenfalls nicht zugegeben. Denn ja, auch in meiner Unterhose gab es solche Flecken.

An diesem Morgen wurde mir eines bestätigt: Ausfluss ist eklig, und niemand will so was sehen oder darüber reden. So habe ich eigentlich mein ganzes Leben lang gedacht. Manchmal denke ich noch heute so. Ich weiß noch, wie ich in der Pubertät im Internet Fotos davon suchte, wie Ausfluss aussehen muss, aber ich fand keine. Oder die Phase, in der ich Pornos nur anschaute, um herauszufinden, ob in den Slips der Schauspielerinnen auch Flecken zu sehen waren. Doch das war nie der Fall. Und so fing ich an, meinen Ausfluss zu verstecken, als sei er eine Bremsspur.

Wenn ich beispielsweise weiß, dass ich gleich Sex habe, mache ich vorher meinen Slip im Bad sauber. Und wenn ich dann im Beisein meines Partners den Slip ausziehe, werfe ich ihn so weit weg, dass ich ihn hinterher nur mit Mühe überhaupt wiederfinde, nur damit derjenige meinen Ausfluss bloß nicht sieht. Selbst wenn ich zur Frauenärztin gehe oder meine Po-Haare lasern lasse, verberge ich meinen Slip, so gut es geht.

Als ich meiner Mutter gestern von meiner Scham erzählte, sah sie mich erstaunt an.

»Warum in Gottes Namen solltest du dich für so etwas Natürliches wie Ausfluss schämen?«

Darauf hatte ich keine Antwort. Heute weiß ich, dass Ausfluss gesund und normal ist, und seit ich mich mit der Funktionsweise meines Zervixschleims (also Ausfluss) beschäftige, kann ich sogar erkennen, in welcher Woche meines Zyklus ich mich befinde. Aber als ich einmal eine Umfrage unter meinen Instagram-Follower:innen machte, wussten über vierzig Prozent nicht, was Scheidensekret eigentlich ist. Selbst Menschen mit einer Gebärmutter und somit auch Ausfluss hatten keine Ahnung. Das macht mich traurig. Der Satz »Du bist so feucht« fällt gerne mal in Pornos oder beim Sex, aber wenn dieselbe Flüssigkeit zu einem Fleck trocknet, finden wir es eklig und machen Würgegeräusche.

Man kann Tabus nicht brechen, wenn man nicht mal weiß, worauf sie beruhen. Deshalb: Informiert euch, und überwindet sie.

Und dann lacht man

»Wann hast du dich das letzte Mal getestet?«

»Vor ein paar Monaten«, antwortete ich, »aber seitdem hatte ich keinen Sex mehr«. Ich lächelte. Es war das erste Mal, dass mir jemand diese Frage stellte, und ich fühlte mich sofort sicherer.

Er lächelte begeistert.

»Ich habe immer geschützten Geschlechtsverkehr, weil ich die Pille nicht nehme.«

Sein Lächeln verschwand, und er sah mich an wie ein Sechsjähriger, dem gesagt wird, er müsse eine hässliche Jacke über sein neues Pokémon-T-Shirt ziehen.

»Echt jetzt?«, hakte er nach.

»Ähm, ja.« Ich lachte ausgelassen, und mein Herz begann schneller zu klopfen.

»Aber ich will dich gern richtig spüren. Willst du es echt nicht ohne machen?«

»Neiheiiin«, lachte ich melodiös.

Nach ein paar missglückten Versuchen, mich zu überreden, stand er endlich auf, um ein Kondom zu holen. Mein sicheres Gefühl war dahin. Während er nackt seine Schubladen aufzog und darin herumkramte, betrachtete ich ihn. Es hatte sich etwas zwischen uns verändert. Den ganzen Abend lang waren wir gleichberechtigt gewesen. Ich hatte den Sex sogar initiiert. Aber nun vertraute ich ihm nicht mehr. Nach langem Suchen fand er ein Kondom, das er mit viel Mühe überzog. Okay, er hatte tatsächlich einen großen Penis, aber selbst mein Unterarm passt in ein Kondom. Wirklich wahr. Insofern machte seine gespielte Mühe bei mir wenig Eindruck.

Wir schliefen miteinander.

Ich konnte mich nicht entspannen, weil ich ständig im Blick behielt, ob er das Kondom noch trug. Glücklicherweise erwies sich das als unnötig, aber als wir nach dem Sex in Löffelchenstellung dalagen und er meinen Nacken küsste, spürte ich seine entblößte Erektion erst an meinem Po und dann an meinen Schamlippen. Ich rutschte ein wenig nach vorn, kniff die Pobacken zusammen, spürte das Herz in meiner Brust heftig pochen und lachte angespannt.

»Was? Fühlst du dich dadurch schon bedroht?« Er küsste liebevoll meinen Hals.

»Ähm, ja.« Wieder spürte ich seine Erektion. Ich erstarrte. Erinnerungen an den sexuellen Übergriff in jener Nacht am Hotelpool kamen hoch. Wie der Mann mich ebenfalls in den Nacken geküsst und versucht hatte mich zu überreden. Ich dachte daran, wie ein Mann ein Jahr zuvor ohne Kondom in mich eingedrungen war, was er später leugnete, und wie ich auch damals erstarrt war. Ich dachte daran wegzulaufen, zu fliehen, aus dem Haus raus, nur weg von dieser Situation. Aber ich wollte verdammt noch mal nicht mehr fliehen müssen. Nicht ich hatte einen Fehler gemacht, sondern er. Ich hatte bereits Nein gesagt. Es ist mein Körper, meine vielleicht ungewollte Schwangerschaft und meine Entscheidung.

»Hey, ich finde das echt nicht cool. Ich hab dir bereits mehrfach gesagt, dass ich das nicht will, und ich fühle mich echt nicht mehr wohl.«

Er sah entsetzt aus.

»Sorry, dann hab ich deine Signale wohl falsch eingeschätzt.«

O Gott, das war genau das, was der Penetrationsabstreiter auch gesagt hatte.

»Welche Signale habe ich dir denn gegeben?«

»Du lachst die ganze Zeit.«

Ich erschrak. Er hatte recht. *Fuck*. Bei jedem »Nein« an diesem Abend hatte ich gelacht. Und nicht nur heute Abend. Jedes Mal, wenn beim Sex etwas Unerwünschtes passiert, versuche ich, die Situation für den anderen durch ein Lachen weniger unangenehm zu machen.

»Entschuldigen Sie, mein Herr, ich hoffe, Sie finden es okay, dass ich lieber keine Geschlechtskrankheiten und die Pille danach will, hahaha, sorry, sorry.«

Müsste es nicht andersherum sein?

»Sorry, dass ich fünfmal dein ›Nein‹ ignoriert hab. Sorry, dass ich dich damals so verunsichert habe, dass du irgendwann ›Ja‹ gesagt hast. Sorry, dass du aufgrund meines ungeschützten Eindringens eine Pille schlucken musstest, die deinen ganzen Zyklus durcheinandergebracht und dir eine achtzehntägige Menstruation beschert hat. Sorry, dass die Pille danach vielleicht nicht wirkt und du abtreiben musst. Aber hey, schön, dass ich dich kurz spüren konnte.«

Ja, ich lachte bei jedem »Nein«, aber ich sagte »Nein«, denn ich meinte »Nein«. Und dieses »Nein« ist nicht mit meinem ausdrücklichen »Ja« zu verwechseln. Es ist deshalb an meinem Gegenüber, auch wirklich hinzuhören.

Meine Schuld!

»Aber wenn der Sex scheiße läuft, ist das doch auch deine Verantwortung? Wenn du nicht kommunizierst, kannst du doch nicht nur dem anderen die Schuld daran geben?«

Mein Kollege sieht mich fragend an. Einen Moment lang glaube ich, er macht Witze. Aber sein Gesicht ist ernst.

In mir beginnt es zu brodeln, so wie wenn Männer mich »Schätzchen« oder »Mädchen« nennen, wenn sie mir etwas erklären wollen. Ich denke lange nach, und noch ehe ich etwas sagen kann, wechselt mein Kollege das Thema.

Alles in meinem Körper will schreien, dass es nicht meine Verantwortung ist. Denn wie kann ich selbst die Verursacherin meines (doch zumeist) enttäuschenden Sexlebens sein?

An diesem Abend ließ ich all meine weniger schönen Sexmomente Revue passieren, all die Momente, in denen ich dem anderen die Schuld daran gegeben hatte, dass ich es nicht genossen hatte, ganz unabhängig vom Orgasmus. Zum womöglich ersten Mal in meinem Leben versuchte ich, mein Sexleben aus der Sicht einer Außenstehenden zu betrachten. Warum lief es eigentlich so oft schief, und wie viel Schuld trug ich daran?

Zuerst schrieb ich eine lange und detaillierte Analyse darüber, wie es ist, Sex mit mir zu haben. Sex mit Joy. Ich schrieb darüber, wie ich das letzte Mal Sex mit einem neuen Partner hatte, aus seiner Perspektive, beschrieb mich mit den Augen eines anderen. Aber ich begriff schnell, dass ich nicht für den anderen sprechen kann, dass meine Geschichte aus seiner Perspektive noch immer meine Geschichte ist. Außerdem hatte die Analyse mich von der Tatsache abgelenkt, dass mir eigentlich gleich im ersten Absatz bewusst geworden war, dass ich tatsächlich einen Großteil der Schuld trug. Etwas in mir wollte nicht wahrhaben, dass ich mich selten frage, welche Verantwortung ich eigentlich für mein Sexleben trage. Als ob Sex mich einfach überkommt, anstatt es selbst in der Hand zu haben. Die nüchterne Frage meines Kollegen hatte unerwartet zu einem Perspektivwechsel geführt.

Was kann ich selbst tun, um mein Sexleben zu verbessern?

Die Antwort ist: Kommunizieren. Ich dachte immer, ich wüsste, was ich will und was mir gefällt, aber die Wahrheit ist, dass ich mich schlicht nicht getraut habe, es auszusprechen. Zuletzt wurde ich beauftragt, eine fiktive erotische Erzählung zu schreiben, und zu meinem großen Erstaunen wusste ich genau, was ich heiß fand, wie lange das Vorspiel dauern musste und wo ich angefasst werden wollte. Die Geschichte tippte ich an einem halben Tag runter. In meiner Phantasie wissen die Menschen, mit denen ich Sex habe, ganz genau, was sie tun, und ich muss nichts erklären.

Ich wünschte so sehr, das wäre ein Selbstläufer, großartiger Sex. Dass ich bloß »Ja«, »O mein Gott« und »Ich komme« sagen müsste. Aber das klappt nur in der Fantasie. In der Realität weiß ein neuer Partner nicht, wie mein Körper funktioniert, und ich umgekehrt auch nicht. Man kann sich bis zu einem gewissen Grad Wissen über die Funktionsweise von Vulva und Penis aneignen (etwas, wovon ich übrigens finde, alle sollten es tun), aber was den oder die Einzelne:n zum Höhepunkt bringt, erfährt man nur, wenn man fragt. Und falls das Gegenüber nicht danach fragt, muss man selbst sagen, was einem gefällt, und es einfordern. Und das habe ich nicht getan. Nicht genug. Darin liegt meine Verantwortung. Ich sage nicht, dass ich das inzwischen kann, denn das Aussprechen der eigenen Wünsche und Bedürfnisse ist in der Praxis nicht so leicht. Aber ich werde es auf jeden Fall versuchen.

Summer of Love

»Was bedeutet Sex für dich?« Der Journalist blickte mich abwartend vom Bildschirm meines Laptops an.

Ich dachte lange nach und sagte Dinge wie: »Puh, ähm, naja, tja, was ist Sex für mich.«

Ich wusste keine Antwort darauf. Ich spürte nur, dass meine Suche nach einer Antwort Traurigkeit und Unbehagen auslöste. Denn in letzter Zeit frage ich mich immer öfter, was Sex eigentlich für mich bedeutet. Welche Rolle spielt Sex in meinem Leben? Welche Muster will und muss ich durchbrechen? Und vor allem: Warum habe ich Sex? Wenn ich mein Sexleben momentan so enttäuschend finde, wieso habe ich dann überhaupt noch Sex? Klar komme ich zwischen den enttäuschenden Erlebnissen auch hin und wieder auf meine Kosten. Es ist nicht so, als ob ich Sex gegen meinen Willen habe oder hinterher weinen muss, weil ich mich nicht traue, meine Bedürfnisse zu äußern. Aber durch das Aufschreiben und vor allem durch das Lesen all meiner Geschichten erkenne ich auf einmal, dass die Art und Weise, wie ich aktuell Sex habe und wie andere Sex mit mir haben, für meinen Körper nicht funktioniert. Es ist nicht meine Art von Sex. Durch das Schreiben über Sex konnte ich plötzlich meine eigenen Handlungen reflektieren, und das hat mir wichtige und enorm nötige Erkenntnisse geliefert. Bevor ich damit anfing, fragte mich eine Freundin, ob ich nicht Angst hätte, meinen Sex zu überanalysieren, indem ich darüber schrieb.

»Nee, Quatsch, das kann ich gut trennen«, sagte ich selbstbewusst, während ich einen Rest Prosecco hinunterkippte. Ja, ich hatte gut reden, aber nun stecke ich doch in dem Dilemma: Ich kann nicht mehr Sex haben, ohne darüber nachzudenken. Jedes Mal, wenn ich mit jemandem intim bin, beobachte ich alles aus der Vogelperspektive. Dann sehe ich, wie ich bestimmte Dinge tue, die ich mir vorgenommen hatte, nicht mehr zu tun, und das sind inzwischen einige. Und so landete ich zuletzt wieder bei besagter Freundin auf der Couch, aber diesmal mit einer Tasse Tee.

»Ich glaube, ich sollte mal eine Zeit lang keinen Sex haben.« Ich seufzte tief. Erleichtert.

Ich will eine Weile lang keinen Sex haben.

Nur eine *Weile* lang. Wer weiß, wie lang. So lange es eben nötig ist.

Das liegt nicht daran, dass zuletzt beim Sex irgendetwas vorgefallen wäre, sondern weil ich inzwischen einen anderen Blick auf Sex habe. Ich habe bereits seit zehn Jahren Sex, aber nun, wo ich darüber schreibe, sehe ich ihn plötzlich aus einem anderen Blickwinkel. Joy Larissa Delima, Mädchen/Frau, die als Kind häufig gemobbt wurde, eine soziale Angststörung hat, sich schwer tut, Nein zu sagen, eine traumatische sexuelle Erfahrung mit einem älteren Mann nie wirklich verarbeitet hat und sofort dicht macht, sobald sie beim Sex daran erinnert wird, hat zu früh angefangen, Pornos zu gucken und dadurch unrealistische Vorstellungen von Sex/Genuss/Orgasmen/dem Frausein.

Wäre daraus ohne Therapie und ohne anständige sexuelle Aufklärung je ein gesundes Sexleben hervorgegangen?

Doch zurück zur Ausgangsfrage: Was bedeutet Sex für mich? Ich hoffe, dass es eines Tages ultimativen Genuss bedeutet. Dass ich lerne zu fühlen, zu vertrauen und loszulassen. Dass ich mich meinem Körper und dem anderen hingeben kann. Dass es eine Form von Entspannung ist und ich meine Ängste ablegen kann. Sexuelle Freiheit, so was in der Richtung. Nur erwarte ich nicht mehr von mir, dass ich dort allein hinkomme. Und darum will ich diesen Sommer zum ersten Mal zu einem:r Sexolog:in.

Mein *Summer of Love*, ich hätte nicht gedacht, dass ich den beim Therapeuten verbringen würde. Und hey, wer weiß, vielleicht verliebe ich mich nächste Woche total und habe den besten Sex meines Lebens, aber vorerst ist die wichtigste Form von Liebe, die ich mir geben kann: Selbstliebe.

Consent

»Hey, du hast eben deinen Finger in meinen Anus gesteckt.«

»Ähm, nein!«

»Doch!«

»Echt?«

»Jep.«

Er verstummt und denkt kurz nach. »Tut mir leid. Fandest du es schlimm?«

»Ich finde es schon einen heftigen Move, das einfach so ungefragt zu machen, wenn man das erste Mal mit jemandem Sex hat, ja. Ich dachte, okay, da steckt plötzlich ein Finger in meinem Anus, jetzt muss ich aufpassen.«

»Oh. Ah, shit, jetzt schäme ich mich.«

»Gut so. Das solltest du auch. Du hättest fragen müssen.«

Wir liegen nackt im Bett, starren an die Decke, beide in Gedanken versunken. Die Stimmung ist gedrückt. Das war sie für mich bereits, aber nun auch für ihn.

Manchmal habe ich Sex mit Menschen, die ohne zu fragen Dinge tun, von denen sie glauben, ich würde sie geil finden. Oder vielleicht ist meine Lust gar nicht mal ihr Beweggrund. Vielleicht machen sie es einfach, weil sie es selbst geil finden oder ihnen die wundersame Welt der Pornos als Anleitung dient. Wie der Mann, der bei unserem ersten Geschlechtsverkehr plötzlich meine Kehle abdrückte. Oder mein Ex-Freund, der mir einmal voll in den Mund spuckte, nachdem er »Vertrau mir« gesagt hatte. Oder Männer, die mich an den Haaren ziehen, mir den Hintern versohlen oder mich eine »geile Schlampe« nennen.

Das Blöde ist, dass das oft Dinge sind, die ich auch tatsächlich geil finde. Worum ich mitunter sogar selbst bitte, aber die Tatsache, dass jemand einfach, ohne mich zu fragen, ob ich das auch will, die Entscheidung trifft, sorgt bei mir dafür, dass sich die Situation direkt unsicher anfühlt. Mir macht es nur dann Spaß, wenn ich mich respektiert fühle und weiß, wo die Grenzen liegen. Denn was, wenn ich die Dinge, die jemand ungefragt bei mir gemacht hat, als schrecklich oder traumatisch erlebt hätte? Haben meine Bettpartner da je drüber nachgedacht? Menschen sind oft geneigt zuzustimmen, wenn man nett fragt, aber sobald ich das Wort »consent« fallen lasse, regen sich viele Leute auf.

»Scheiß auf consent! Ich frag doch nicht wie so ein Idiot bei allem um Erlaubnis? Beim Sex geht es doch um Körpersprache und Blickkontakt«, sagte mir zuletzt ein Barkeeper. Ja, Sex ist körperlich, und mir wäre auch am liebsten, die andere Person könnte an meinen Augen ablesen, wo genau sie lecken soll, aber so läuft das nun mal nicht.

Sex wird besser durch gute Kommunikation. Niemand kann Gedanken oder Blicke lesen. »Ich dachte, du wolltest es, weil du mich so und so angeschaut hast. Schade, dass ich das falsch eingeschätzt habe.« Das finde ich eine dürftige Ausrede, um keine Verantwortung für das eigene Tun übernehmen zu müssen. Du wolltest, dass ich es auch will. Denn wie bitte schön soll ich darum gebeten haben, einen Finger in den Anus gesteckt zu bekommen, während mein Gesicht im Kissen vergraben lag? Ich habe nicht darum gebeten, genauso wenig wie mein Anus.

Ist es nicht viel geiler zu wissen, dass der andere etwas genauso gern möchte wie man selbst? Wenn mich jemand um mein Einverständnis bittet (*Darf ich …? Willst du, dass ich …? Gefällt es dir, wenn ich …? Ist das ok?* etc.), bin ich direkt entspannt, fühle mich respektiert, sicher und freier und bemühe mich mehr um den Genuss des anderen, weil es mir zeigt, dass für meinen Partner meine Sicherheit und mein Genuss an erster Stelle stehen. Tut mein Partner das, dann tue ich das auch. Und alle sind happy. Um Einverständnis zu bitten ist sexy, und man lernt dabei besser zu kommunizieren, was man sich sexuell wünscht.

Es ist wohl noch nie vorgekommen, dass jemand traumatisiert wurde, weil man sich zuerst vergewissert hat, ob etwas einvernehmlich geschieht. Aber ein ungefragter Finger im Anus ist ganz eindeutig ein Finger zu viel.

Echte Beschwerden

Vor anderthalb Jahren ging ich das erste Mal nach dem Besuch bei meiner »Tante« zu einer Frauenärztin. Ich hatte nach Jahren wieder eine Hausärztin, die mich im Gegensatz zu meinem vorherigen männlichen Hausarzt direkt an eine Frauenärztin überwies, nachdem ich ihr von meinen starken Menstruationsschmerzen erzählte. Ich war überrascht, dass ich sie gar nicht überzeugen musste. Ich hatte mir sogar überlegt zu weinen, sollte sie mir nicht glauben. Mein vorheriger Hausarzt hatte meine Beschwerden nie ernst genommen.

Das erste Mal, als ich zu ihm kam, um mich über meine schmerzhafte Menstruation zu »beschweren«, hatte er mir sofort eine starke Antibabypille verschrieben. In den Monaten darauf nahm ich ungefähr zehn Kilo zu, spürte, wie sämtliche Freude aus meinem Körper wich, und meine Menstruation wurde sogar noch schlimmer. Als ich wieder mit den Beschwerden zu ihm kam, fragte er, ob ich Aleve Feminax kennen würde. Ich zog einen Streifen der Schmerztabletten, die man rezeptfrei im Supermarkt bekommt, aus der Tasche und nickte.

»Nun, dann kann ich nichts mehr für dich tun, Mädchen.«

Ich war zweiundzwanzig und dem »Mädchensein« längst entwachsen.

»Könnten Sie mich nicht an eine:n Gynäkolog:in überweisen?«

Er lachte. »Nein, ich überweise dich nicht ohne irgendwelche Beschwerden.«

Aber ich hatte doch Beschwerden?

»Echte Beschwerden.«

Ah.

Drei Jahre und eine neue Hausärztin später hielt ich endlich das goldene Ticket, die Überweisung, in den Händen. Mitten im ersten Lockdown radelte ich zur Klinik. Ich war nervös und schwitzte trotz der Kälte. Denn so froh ich auch war, endlich meine Gebärmutter kennenlernen zu dürfen, so sehr fürchtete ich gleichzeitig, dass mit ihr etwas nicht in Ordnung war. Ich habe einen großen Kinderwunsch und die Gewalt, die mein Körper mir jeden Monat antat, hatte mich dann doch verunsichert. Ich betrat also mit dem entsprechenden Respekt das Behandlungszimmer.

Die Gynäkologin entschuldigte sich für ihre coronabedingt unpersönliche Begrüßung, und nur kurze Zeit später saß ich mit entblößtem Unterleib und gespreizten Beinen auf einem großen Stuhl, während die Gynäkologin mit einer grellen Neonlampe in meine Vulva leuchtete.

»Entspannen Sie sich.« Natürlich.

Sie entnahm einen Abstrich aus meinem Gebärmutterhals. Das machte sie mit einer kleinen Bürste, die sich unfassbar kalt anfühlte. Der Gebärmutterhals ist eine Stelle, wo man lieber nicht mit einem haarigen Zahnstocher berührt werden will. Im ersten Moment dachte ich, ich muss mich gleich übergeben oder werde ohnmächtig.

»Geht's?«

»Ja, alles prima.«

Dann wurde es Zeit für die Ultraschalluntersuchung. Ein Stab mit einem Kondomüberzug und einer riesigen Menge an Gleitgel wurde in mich hineingeschoben, und dann erschien auf dem Schwarz-Weiß-Bildschirm meine Gebärmutter.

»Das sieht ja fabelhaft aus! Das da ist Ihr rechter Eierstock und das Ihr linker. Überaus fruchtbar.«

Ja, das sagte sie wirklich: »Überaus fruchtbar.« Ich weiß auch nicht, woran sie das festmachte. Während sie den Stab durch meine Gebärmutter navigierte, schaute ich stolz auf den Bildschirm. Prächtige Eierstöcke, damals fünfundzwanzig Jahre alt. Meine Eierstöcke. Eine Träne rann mir die Wange hinab. Ich hatte meine Gebärmutter so gehasst, verfluchte sie jeden Monat, aber als ich sah, wie sie so friedlich dalag, vergab ich ihr sofort. Der Stab wurde herausgezogen, und meine Gebärmutter verschwand vom Bildschirm.

Die Gynäkologin erklärte mir, dass sie die kleine Bürste mit dem Abstrich ins Labor schicken würde, um zu sehen, ob in meiner Gebärmutter irgendetwas Seltsames vor sich ginge (so drückte sie es nicht aus, aber ich kann mich leider nicht mehr an die medizinischen Fachbegriffe erinnern), und dass ihr zufolge alles gut aussah.

Ich durfte die Ultraschallbilder mitnehmen und trat selig hinaus auf die Straße. Sobald ich auf dem Rad saß, merkte ich, dass ich in der ganzen Aufregung vergessen hatte, meine Fragen zu stellen. Alle Fragen, die ich nun endlich jemandem stellen konnte, der vom Fach war, denn ich wusste bis zu diesem Tag nicht einmal, wie Gebärmutter und Eierstöcke aussehen. Und wirklich toll, dass meine Gebärmutter gesund war, aber warum hatte ich dann so heftige Menstruationsschmerzen?

Laut meiner Frauenärztin ist es in anderen Ländern völlig normal, präventiv die Gebärmutter zu untersuchen. Die Menschen dort sehen ihre Gebärmutter jedes halbe Jahr. Wir kriegen sie meist erst zu sehen, wenn wir schwanger sind oder etwas nicht stimmt. Ich wünschte, wir könnten jedes Jahr einen Blick darauf werfen, um sie besser zu verstehen, denn seit ich weiß, dass sie gesund ist, habe ich viel mehr Vertrauen, viel mehr inneren Frieden und male mir keine Horrorszenarien mehr aus. Und das, obwohl meine Testergebnisse vorher immer negativ zurückkamen. Was positiv ist, aus medizinischer Sicht.

Meine Menstruation macht mir manchmal immer noch schwer zu schaffen, aber ich merke, dass beispielsweise meine Ernährung, meine mentale Gesundheit, mein Schlafrhythmus und meine körperliche Verfassung eine bedeutende Rolle spielen. Wenn ich gut für mich und meinen Körper sorge, habe ich deutlich weniger Beschwerden während meiner Tage. Es ist immer noch lächerlich, wie oft man selbst Doktor spielen muss und dass starke Menstruationsschmerzen so normalisiert sind, dass wir sie nicht als Alarmzeichen begreifen, aber gut. Das ist der aktuelle Stand der Dinge.

Ich bin noch Jungfrau

Wenn ich eine Erektion sehe oder fühle, spüre ich eine seltsame Verpflichtung, irgendwas damit anzustellen. Solange ich einfach mit jemandem rumknutsche, empfinde ich keinerlei Zeitdruck oder Pflichtgefühl, aber sobald eine Erektion ins Spiel kommt, schalte ich auf Autopilot.

In meinen Teenager-Jahren, als ich zwar schon rumknutschte, aber noch keinen Sex hatte, hatte ich eine fabelhafte Ausrede, auf die mein Gegenüber immer hörte: »Ich bin noch Jungfrau.« Selbst die älteren, extrem notgeilen Pubertierenden mit Erektion verstanden nach ein paar Überredungsversuchen, dass es beim Küssen bleiben würde. Sie hatten sogar Respekt vor meiner Jungfräulichkeit, was übrigens im Nachhinein besehen ziemlicher Unfug ist. Ich möchte lieber für Dinge respektiert werden, die ich getan habe, als für Dinge, die ich nicht getan habe. Zumal in den meisten Fällen nur Menschen mit einer Vulva für ihre sexuelle Enthaltsamkeit geehrt werden.

Die Jungfräulichkeit war jedenfalls eine super Ausrede, wie ich fand. Ich konnte so viel herumknutschen, wie ich wollte, und es dabei belassen. Bei jeder Hand, die zu weit hinunterwanderte, spielte ich meine Jungfräulichkeits-Karte und behielt so die Kontrolle über die Situation.

Das änderte sich, als ich mit achtzehn die Welt des Partnersex betrat und damit mein Jungfrauen-Veto aufgab.

Aber nur weil ich jetzt sexuell aktiv war, bedeutete das nicht, dass ich immer auch auf Sex aus war. Manchmal wollte ich trotzdem einfach nur den ganzen Abend herumknutschen. Aber plötzlich fiel mir dafür keine gute Begründung mehr ein. »Ich will nicht weiter gehen« fühlte sich zu hart an. Ich dachte, ich müsste erklären, warum ich nicht weitergehen wollte, und dass es so rüberkommen könnte, als läge es an dem anderen, und dass derjenige es womöglich persönlich nehmen und wütend werden und etwas schreien würde von wegen, ich ließe ihn zappeln.

Heute weiß ich, dass »ich will nicht weiter gehen« die legitimste Aussage der Welt ist, die ich treffen kann und darf. Wenn ich nun auf mein pubertierendes Ich zurückschaue, erkenne ich, dass sie durch ihre ständigen »Ich bin noch Jungfrau«-Rufe nie gelernt hat, stattdessen klipp und klar zu sagen, was sie will: nämlich den ganzen Abend lang herumzüngeln. Im Grunde habe ich dadurch nie gelernt, meine sexuellen Bedürfnisse zu verbalisieren. Das Einzige, was mich von einer eventuellen Penetration abzuhalten schien, war meine »Jungfräulichkeit«. Als die wegfiel, meinte ich, auf Küssen müsse notwendigerweise Sex folgen. Dieser Gedanke verfolgt mich noch immer. Noch heute fürchte ich, den anderen zu enttäuschen, wenn ich keine Lust mehr habe mitzumachen.

Ich glaube, die einzige Art und Weise, wie man lernen kann, seine sexuellen Bedürfnisse in Worte zu fassen, ist, indem man es »einfach« macht. Als ich also diesen Sommer mit ein paar Leuten herumknutschte und spürte, wie ihre Hände tiefer wanderten, sagte ich: »Ich will nur knutschen.«

Manchmal wollte ich plötzlich mehr, dann sagte ich auch das. Und die jeweils andere Person hielt sich daran, wenn auch mitunter widerstrebend. Es klingt vielleicht banal, aber ich bin stolz auf mich selbst, denn sich von Vorstellungen zu lösen, bei denen Sex immer gleichbedeutend ist mit Penetration, ist in einer heteronormativen Welt gelinde gesagt schwierig. Aber genau darin, in diesem Ausbrechen aus Schubladen und Erwartungen liegt mein eigenes sexuelles Narrativ. Und dieses neue Narrativ ist so viel schöner als die Norm.

Monogames Fremdgehen

Alle meine bisherigen Beziehungen waren monogam. Nicht, weil wir uns bewusst dafür entschieden hätten, nein, es war einfach so. Meine Ex-Freunde und ich haben nie über unser Beziehungsmodell gesprochen oder darüber, was wir zum Beispiel unter Fremdgehen verstanden. Eigentlich war es immer so: Jemand fragte, ob ich mit ihm gehen will, ich sagte Ja, und schon befanden wir uns in einer monogamen Beziehung. So ist die Norm und ich kannte niemanden, der davon abwich. Eine Beziehung einzugehen hieß automatisch, dass ich nicht mehr mit anderen flirten, knutschen oder schlafen durfte. Eine, wie ich oft fand, schlechte Aussicht.

»Willst du meine Freundin werden?«, wurde in meinem Kopf zu: »Willst du mir gehören und nie wieder einen anderen Menschen berühren, ihm flirtende Blicke zuwerfen, geschweige denn von ihm träumen? Ansonsten ist es aus mit uns, und alle meine Freunde halten dich für eine dumme Schlampe.«

Ich glaube, viele von uns betrachten Monogamie als den Normalfall. Und dass wir Monogamie als die Norm begreifen, ist auch ziemlich logisch, denn so endet jedes

Märchen, das wir als Kind gelesen oder gesehen haben. Es heißt schließlich »Und sie lebten glücklich bis an ihr Lebensende zusammen« und nicht »Und sie lebten glücklich und polygam«.

Zuletzt habe ich vier meiner Kolleg:innen gefragt, die sich entweder in langen monogamen Beziehungen befinden oder verheiratet sind, ob sie wissen, ob ihr:e Partner:in lieber eine offene Beziehung hätte oder ob ihr:e Partner:in dieselben Grenzen zieht, was das Fremdgehen angeht. Nach einem suchenden Blick in die Ferne antworteten alle vier mit einem leisen »Nein«.

Bei jeder:m von ihnen schien es, als hätte ich mit meiner Frage etwas in ihrem Kopf unwiderruflich zerstört, als hätte ich einen Aspekt ihrer Beziehung als Lüge enttarnt. Und vielleicht war das in gewisser Weise auch so.

Ich kenne das noch aus der Zeit, als ich selbst in Beziehungen war. Solange wir nicht übers Fremdgehen oder bestimmte sexuelle Phantasien sprachen, gab es die Außenwelt mit all ihren Versuchungen nicht. Dann gehörten wir nur einander und waren exklusiv für die andere Person da, aber ich hatte keine Ahnung, was sich mein Partner, abgesehen von meinem Bekenntnis zu ihm, von unserer Beziehung wünschte. Ich hatte das Gefühl, würde ich solche Themen aufbringen, würde ich damit unsere Beziehung infrage stellen. Es würde so wirken, als sei ich unglücklich, und man könne mir nicht mehr trauen. Als wolle ich insgeheim nur einen Freifahrtschein, um mit anderen in die Kiste hüpfen zu können.

Aber das war nicht, was ich wollte. Ich wollte das Gefühl haben, dass wir zwei die Grundlage bildeten, von der aus alles verhandelbar war. Dass hin und wieder jemand anderen küssen zu wollen, nicht bedeutete, alles infrage zu stellen. Angenommen, ich wäre mit meiner Beziehung happy, würde aber gern ab und zu mal mit jemand anderem ins Bett gehen, wäre es dann nicht unehrlich, mit dieser Info hinterm Berg zu halten? Meinem Partner gegenüber, aber auch mir selbst gegenüber. Es wäre falsch, es einfach zu tun. Das ist Fremdgehen, wie es sehr viele »monogame« Menschen, die ich kenne, regelmäßig praktizieren. Echt jetzt, ich kenne so viele Leute, die fremdgehen, dass es fast beängstigend ist. Wir leben nicht umsonst in einem Land, in dem Dating-Apps mit großen Reklamen für das »diskrete« Fremdgehen werben.

Irrsinnigerweise ist es oft genau das, was Leute unter einer offenen Beziehung oder Polyamorie verstehen, nämlich dass die Betreffenden einfach nur ohne Konsequenzen fremdgehen wollen. Tatsächlich treffen Personen in nicht-monogamen Beziehungen ehrlich und offen klare Absprachen, eben damit die Beziehung funktioniert. Ich glaube, dass alle monogamen Paare von solchen Absprachen und Regeln, wie es sie in nicht-monogamen Beziehungen gibt, profitieren würden, denn vielleicht würde man feststellen, dass es dem Partner schon zu weit geht, wenn man den Arm eines Kollegen berührt, oder im Gegenteil, dass ihr beide Lust habt, am Wochenende mal mit einer anderen Frau zu knutschen. Eine solche Info will man sich doch nicht entgehen lassen, würde ich meinen.

Needy

Bei manchen Dating-Apps muss man die Frage beantworten: »Wonach suchst du?«

Man hat dann in etwa die Wahl zwischen: *Mal sehen / Nichts Ernstes / ernsthafte Beziehung / Partner:in zum Heiraten.* Neulich erzählte ich einer Frau bei einem Fotoshooting, ich hätte für mein Profil »ernsthafte Beziehung« ausgewählt.

»Was, bist du irre?! Das ist too much. Wie soll man denn auf so einer Basis etwas aufbauen? Dann hat man ja beim Daten die ganze Zeit im Hinterkopf, dass da eine feste Beziehung draus werden soll. Wenn ich jetzt zu dir sagen würde: ›Hey, Joy, wollen wir mal was trinken gehen? Ich bin nämlich auf der Suche nach einer ernsthaften Freundschaft.‹ Das würde dich doch bestimmt auch abschrecken?«

Ich fühlte mich überrumpelt. »Ähm, ja. Aber wenn ich ›Mal sehen‹ auswähle, denken die Leute doch …«

»Dass du es ganz locker angehen lässt. Die Leute müssen echt mal aufhören, die wahre Liebe so zu idealisieren. Vor allem solltest du nicht so viel Arbeit in dein Profil stecken. Das kommt so *needy* rüber.«

Ich verstummte. Ich kannte sie kaum, wir hatten uns gerade erst kennengelernt, und doch zweifelte ich plötzlich an meinem Vorgehen. Schreckte ich meine künftigen Partner:innen ab, weil ich ihnen mitteilte, dass ich auf der Suche nach etwas Ernstem war?

Noch am gleichen Abend änderte ich meinen Status zu »Mal sehen«. Auch meine ausführliche Selbstbeschreibung musste ein paar Emojis und irgendeinem trivialen englischen Spruch, den ich schon wieder vergessen habe, weichen. Selbst meine Fotos änderte ich auf Anraten einer Freundin. Mein Profil wurde oberflächlich: gut gelaunte junge Frau, kann auch prima sexy gucken und hat an der Fachhochschule studiert. Arbeitet als Schauspielerin und Schriftstellerin bei: International Theater Amsterdam und *Volkskrant Magazine* – das ließ ich dann doch stehen, in der Hoffnung, dass es mich von den anderen oberflächlichen Profilen unterscheiden würde. So nach dem Motto: »Hey, ich bin sexy, habe aber auch Tiefgang.«

Die Matches, die ich danach bekam, waren ebenso flach wie mein Profil, genau wie die ersten Worte, die sie an mich richteten:

»Nice ass. [Feuer-Emoji].« *Meine Güte.*

»Hi.«

»Na, Hübsche.«

»Bist echt 'ne Süße, muss schon sagen.«

»Schöne Augen hast du.«

Auch ich selbst schrieb manchmal widerliche Dinge wie: »Wow, wer solche Augen hat wie du, muss mich gar nicht erst lange anschauen, haha. [Herzchenaugen-Emoji]«.

Ich wurde reduziert auf mein Gesicht und meinen Körper und tat das umgekehrt auch.

Das Ding ist, ich finde Dating-Apps ohnehin scheiße. Ich würde meine wahre Liebe auch lieber im echten Leben bei einer Hausparty kennenlernen (als würde ich je zu Hauspartys gehen), aber wenn man deutlich macht, dass man auf dieser App keine ONS (One-Night-Stands) oder FWB (Friends with Benefits) sucht, dann wird man wenigstens in fünf von zehn Fällen wie ein Mensch mit einem voll funktionsfähigen Gehirn, der ein Gespräch führen kann, behandelt. Leider hatte mir ja die unverblümte Frau bei dem Fotoshooting dringend davon abgeraten, offen erkennen zu geben, dass ich auf der Suche nach etwas Ernsthaftem war, so dass ich Gespräche mit Leuten führte, die mich – platt gesagt – einfach nur vögeln wollten.

»Damn, you're beautiful.«

»Aw, thanks! :) You're pretty handsome yourself.«

»Thnx.«

Drei Tage Funkstille.

»Hey Joy«

»Hey ******, sprichst du eigentlich Niederländisch?«

»Ja, haha, du offenbar auch.«

»Ja, haha. Ich dachte schon, der Name klingt eigentlich ziemlich niederländisch.«

»Hast du diese Woche viel zu tun?«

»Ja, schon, ich muss noch was für die Arbeit schreiben, und abends spiele ich am Theater. Und du?«

»Oh, ok, ja, ich auch. Hast du heute Abend schon was vor?«

»Ja, ich habe wie gesagt einen Auftritt, haha. Wieso?«

»Ah stimmt, lol. Ich wollte nur fragen, ob du Lust hättest, was zu unternehmen. Du siehst echt top aus.«

Warum sollte man sich nach so einem elend langweiligen Gespräch mit jemandem verabreden wollen? [Heul-Emoji].

Nach einer Woche dieser sinnentleerten Gespräche mit Menschen, die mir zwar einen kurzen Bestätigungs-Boost verpassten, bei denen ich aber eigentlich direkt wusste, dass daraus nichts werden würde, löschte ich mein Profil. Nur Sekunden später griff ich zum Handy und navigierte zu der Stelle, wo sich noch das Icon der Dating-App befand. Ah, shit, stimmt ja, das machte ich ja nicht mehr.

Es war still und dunkel. Ich dachte an eine verheiratete Kollegin, die mir gesagt hatte, nach der Liebe dürfe man nicht suchen, sie komme ganz von selbst. Ja, das sagen alle Menschen, die eine:n Partner:in gefunden haben. Mir ist schon klar, dass diese Apps nicht die besten Orte für die Liebe sind, aber ist es echt so schlimm, sich öffentlich dazu zu bekennen, dass man auf der Suche nach einer ernsthaften Beziehung ist? Na ja, was heißt, auf der Suche … ich bin offen dafür. Ich stehe dem völlig offen gegenüber. Außerdem will ich keine oberflächlichen Leute mehr daten. Ich will romantische, tiefgehende Gespräche und beim Sex gemeinsam lachen können und so. Macht mich das *needy*? Vielleicht. Aber wenn dem so ist, dann sage ich das lieber offen und ehrlich.

Das hat nichts mit Liebe zu tun

Nachdem meine erste Beziehung zu Ende gegangen war, hatte ich zum ersten Mal Sex mit Menschen, die mich nicht liebten. Ich weiß noch, wie ich zum ersten Mal mit jemanden ins Bett ging, den ich ebenfalls nicht liebte. Ich war nicht mal verknallt. Die Initiative dazu ging von mir aus, weil ich einfach mal ausprobieren wollte, wie *casual* Sex sein kann. Wir waren bei ihm zu Hause und schauten einen Film. Ungefähr bei der Hälfte küsste er mich. Jetzt kommt es, dachte ich. Jetzt wird er mich lecken oder so, und ich werde ihm einen blasen, und nach einer Weile haben wir richtigen Sex und danach vielleicht noch einmal (ja, damals empfand ich Penetration noch als »richtigen Sex«). Oder vielleicht liegen wir danach auch noch eine Weile beisammen und kuscheln ein bisschen.

Aber nach dem Knutschen leckte er mich nicht. Er fingerte mich kurz und ruppig, stand dann schnell auf und holte ein Kondom.

Okay, dachte ich, so geht es offenbar auch, kein Problem. Die anschließende Penetration war ebenso grob und distanziert wie alles zuvor. Als hätte das nichts mit mir als Joy zu tun, sondern nur mit mir als Person mit einer Vulva. Ich weiß noch, wie ich in seine Augen blickte und nur Kälte spürte.

Und dann hörte der Sex plötzlich auf. Scheinbar war er gekommen.

Hinterher wurde weder gekuschelt noch geredet. Es fühlte sich distanziert an, als wäre er nicht noch dreißig Sekunden zuvor in mir gewesen.

Warum fühle ich mich deswegen so beschissen, fragte ich mich. Das war doch, was ich wollte? Vielleicht musste ich mich erst daran gewöhnen.

Aber ich gewöhnte mich nicht daran. Ich schlief öfter mit Menschen, die nach dem Sex so taten, als sei gerade nichts zwischen uns geschehen. Es wurde nicht mehr geknutscht, keine Zuneigung mehr gezeigt, und im Grunde war die Erwartung, dass ich so schnell wie möglich das Weite suchen sollte.

Erst als meine letzte Beziehung zu Ende ging und ich wieder Sex mit Menschen hatte, die mich nicht liebten, wurde mir plötzlich klar, was da los war. All diese Personen schienen mir mit ihrem Verhalten signalisieren zu wollen, dass dieser Sex eine einmalige Sache war und ich bloß nicht auf die Idee kommen sollte, da könne mehr draus werden. Was auch immer es war, auf jeden Fall war hier keine Liebe im Spiel. Und diese Botschaft musste so unmissverständlich wie möglich rübergebracht werden. Aber ich wollte ja überhaupt keine Beziehung mit diesen Menschen. Es ging mir bei all diesen Malen ganz klar nur um den Sex. Glaubten sie mir vielleicht nicht, dass ich wirklich nur an unverbindlichem Sex interessiert war?

Oder dachten sie, wenn sie mit mir kuscheln, wären wir direkt in einer Beziehung?

Inzwischen habe ich zum Glück auch die Erfahrung gemacht, dass man sich gegenseitig, selbst wenn man nicht verknallt ist, mit Respekt und Liebe behandeln kann. Behandeln muss.

Letztens meinte ein Typ wirklich allen Ernstes, dass wenn ein Mädchen »schon« nach einem Tequila-Shot mit ihm nach Hause gehe, er nicht einsehe, wieso er sie noch lecken solle, denn in seinen Augen sei sie eine Schlampe.

»Aber du gehst doch auch ›schon‹ nach einem Shot mit ihr heim?«, erwiderte ich verdattert. »Warum verdient sie es dann nicht, dass sie auch auf ihre Kosten kommt?«

Das Gespräch wurde von betrunkenen Männern übertönt, die irgendwas von »einfach in jemandem kommen wollen« faselten. Mir wurde schlecht. Wenn es einem nur darum geht, kommen zu wollen, dann hat man dafür zwei Hände und allerlei nette Spielzeuge, aber wenn man mit einem anderen Menschen Sex hat, und sei es nur eine einmalige Sache, dann gehört meiner Meinung nach Zuneigung und Respekt dazu. Und das hat überhaupt nichts mit Liebe zu tun.

Dann komm halt einfach nicht

Seit Jahren befinde ich mich auf einer persönlichen Entdeckungsreise zur Entfesselung meiner Orgasmen. Es gibt kein Buch zum Thema, das ich nicht gelesen hätte, keine Website, die ich nicht durchforstet hätte, keine noch so unangenehme Frage, die ich nicht gestellt hätte. Ich weiß noch, wie ich mit einundzwanzig zu einer Psychologin ging wegen meiner sozialen Angststörung. Nachdem ich in der Schulzeit ziemlich heftig gemobbt wurde, hatte sich diese bereits in jungen Jahren entwickelt. Während wir darüber sprachen, wie ich mich am Vorabend wieder in den Schlaf geweint hatte, weil ich mich von der Frauengruppe meiner Theaterschulklasse ausgeschlossen fühlte, beschloss ich, das Gespräch auf das Thema Sex zu lenken. Die Sozialphobie lief mir ja nicht weg und konnte nach einundzwanzig Jahren auch noch einen Monat länger warten.

»Übrigens, meinen Sie, meine Angst vorm *Übergeben** (denn die habe ich auch) ist der Grund, weshalb ich mich

* Im Niederländischen heißt »overgeven« sowohl »sich übergeben/erbrechen« als auch »sich hingeben«.

so schwertue, mich einem Orgasmus oder einem Partner *hinzugeben*?« Das habe ich wirklich gefragt. Und nein, wenn man sich selbst eine Diagnose stellt, bekommt man später keinen Rabatt.

»Das kann gut sein, ja.«

Wow. Damit konnte ich was anfangen. »Ja, das dachte ich mir auch schon.« Ich blickte nachdenklich auf meine Hände und nahm einen Schluck von ihrem Kräutertee, den sie mir jede Woche einschenkte.

»Warum glaubst du, kannst du dich deinem Freund nicht hingeben? Oder einem Orgasmus?«

Ich dachte kurz darüber nach, was ich ihr antworten würde, und länger darüber, wie ich es schaffen würde, dabei nicht seltsam rüberzukommen.

»Ja, ich weiß auch nicht. Ich glaube, ich mache mir schon vorher so viel Stress, dass es nicht klappen könnte, und wenn das dann eintritt, denke ich: Siehst du, es klappt nicht. Und dann leckt er mich noch, obwohl ich schon weiß, dass das nirgends hinführt. Aber weil ich ihn nicht enttäuschen will, lasse ich ihn noch eine Weile probieren oder sage ihm, ich möchte so gern, dass er in mir kommt. Dann haben wir Sex, er kommt, ich bin enttäuscht von mir selbst und stehe wieder am Anfang.« Bei der Hälfte meiner Erzählung begann ich zu schluchzen. Dann weinte ich leise.

»Warum berührt dich das so?«

»Weil ich … Weil ich …« Ich begann, laut loszuheulen, mehr als je wegen meiner Sozialphobie. Nach ein paar tiefen Atemzügen nahm ich wieder einen Schluck vom Kräutertee. Da saß ich nun. Einundzwanzig, in der sogenannten Blüte meines Lebens und weinte, weil ich keine Freunde und keine Orgasmen hatte.

»Weil ich Angst habe, dass es immer so bleibt und ich Sex nie wirklich genießen kann.« Wieder begann ich zu heulen, der Rotz lief mir übers ganze Gesicht.

»Warum ist dir der Orgasmus so wichtig?«

Beinahe beleidigt hörte ich auf zu weinen. Als würde man jemanden, der gerade ertrinkt, fragen, wieso er überhaupt ins Wasser gesprungen ist.

»Weil ich will, dass es dazu gehört. Mein Freund hat jedes Mal einen oder gleich mehrere. Warum darf ich das nicht auch für mich wollen?«

Sie sah mich mit einer Art mütterlichem Mitgefühl an. »Vielleicht müsst ihr vorher verabreden, dass du nicht kommst.«

Wie bitte? Wie sollte nicht zu kommen dafür sorgen, dass ich komme?

»Sagt laut zueinander: ›Heute werden wir nicht probieren, mich zum Orgasmus zu bringen.‹ Das nimmt den Druck raus. Du musst den Orgasmus loslassen, Joy. Und wieder in deinen Körper zurückfinden. Ein Orgasmus findet nicht im Kopf statt.«

Noch am selben Abend probierten wir es aus. Und es klappte: Ich kam nicht. Mission completed.

Aber zum ersten Mal seit Langem hatten wir guten Sex, überraschend gut sogar. Er leckte mich nicht mehr im immer gleichen Rhythmus in der Hoffnung, mich damit zum Höhepunkt zu bringen. Und ich beschloss, einfach das Gefühl in diesem Moment zu genießen, anstatt auf ein Gefühl zu warten, dass noch kommen sollte. Als unser Fokus auf dem Orgasmus lag, hatten wir unbewusst immer dasselbe gemacht. Ich wusste genau, wie unser Sex ablaufen würde, und er auch. Alles, was wir taten, zielte auf den Orgasmus ab. Nun, da wir davon abließen, eröffneten sich uns völlig neue sexuelle Möglichkeiten. Davon, in den Kniekehlen geleckt zu werden, kam ich zwar nicht, aber es stellte sich als erstaunlich erogene Zone heraus. Und stehend, in den unmöglichsten Positionen, Sex zu haben, hielten wir zwar nicht lange durch, aber Spaß hatten wir viel dabei. Der Druck war weg und unser Sex wieder spielerisch. Es ging wieder darum, sich gegenseitig zu entdecken.

Doch nach einer längeren Phase von »Heute werden wir nicht probieren, mich zum Orgasmus zu bringen«-Sex fing ich wieder an, mich zu fragen, ob ich je kommen würde. Irgendwann machte mein Freund sich – er hatte die Vereinbarung vielleicht etwas zu ernst genommen – nicht mehr die Mühe, mich zum Höhepunkt zu bringen. Und ehrlich gesagt, waren wir auch an einem Punkt in unserer Beziehung angelangt, an dem ich eigentlich gar keinen Sex mehr mit ihm wollte. Nicht lange danach trennten wir uns. Es hat mir zwar letztlich nicht zur Entfesselung meines Orgasmus geholfen, aber immerhin gab es mir Hoffnung. Etwas, das ich verloren geglaubt hatte.

Das war übrigens auch die letzte Beziehung, die ich hatte. Das spielerische Erkunden habe ich seitdem nicht mehr mit einem festen Partner weiterverfolgen können, aber masturbieren ohne jedes Ziel ist auch eine interessante Erfahrung.

Probiert es gerne mal aus.

Kackspray

Irgendwo in Amsterdam Oud-West läuft ein hochgewachsener Italiener herum, in den ich mal eine Zeit lang verliebt war. Er hat nach drei Dates per SMS mit mir Schluss gemacht, weil seine Ex eventuell in die Niederlande zurückziehen und er es noch mal mit ihr probieren wollte.

»I really like you and wasn't really expecting to meet someone like you this fast, but things are complicated for me right now and I don't want to go further with something that will complicate it even further.«

Als ich unseren alten Whatsapp-Nachrichtenwechsel für diesen Text nachlas, durchlitt ich noch mal den Herzschmerz von damals, als er mir einen Korb gegeben hatte.

Diese Geschichte handelt übrigens nicht von diesem Mann, denn alle Menschen, die andere nach dem Sex per SMS abservieren, dürfen sich ihre kleinen Zehen am Tischbein stoßen oder aus Versehen auf einen LEGO-Stein treten und haben es nicht verdient, als Hauptfigur aufzutauchen.

Nein, diese Geschichte handelt von etwas viel Besserem. Von Kacke.

Eine wichtige Information vorab: Ich leide am Reizdarmsyndrom (RDS). Das beinhaltet, dass ich nach dem Essen von beispielsweise Milchprodukten, Zwiebeln oder Rosenkohl entweder drei Tage lang nicht kacken kann oder drei Minuten habe, um auf das nächstgelegene Klo zu rennen. Manchmal hat man gute Tage und manchmal schlechte, und an einem solchen schlechten Tag hatte ich ein Date mit dem Italiener. Leider wusste ich nur zu diesem Zeitpunkt noch nicht, dass es ein schlechter Tag war.

Ich stieg aufs Fahrrad, in der Tasche einen Stapel frischer, selbstgebackener Oreo-Brownies, hübsch eingepackt für den Mann, der mich eine Woche später abservieren würde. Per SMS.

Der Italiener hatte mich eingeladen, bei ihm zu Hause Pizza aus seiner Lieblingspizzeria zu essen. Käse fällt unter Milchprodukte, also darf ich das eigentlich nicht essen. Ich bin allerdings mit der Vorstellung aufgewachsen: »Schöne Mädchen kacken nicht, und falls sie es doch tun, war's das.« Ich erzählte dem Italiener also nicht, dass ich an einem Reizdarm litt, aß die verdammte Pizza und hoffte auf Verstopfung.

Aber schon nach drei Stücken der dünnen Steinofenpizza begann mein Darm, unfassbar laut zu grummeln.

»Do you want another slice?«, fragte der Italiener.

»No, I'm full«, sagte ich, obwohl ich doch vor lauter Nervosität den ganzen Tag nichts runterbekommen hatte.

Shit. Im wahrsten Sinne. Ich musste kacken, und das ausgerechnet jetzt. Habt ihr mal versucht, vor Krämpfen schwitzend, geräuschlos zu kacken? Ich schon, auf so manchem Klo. Diesen Stress wünsche ich wirklich niemandem.

Ich sagte, ich müsse pinkeln, denn das ist gesellschaftlich akzeptiert, und ging aufs Klo.

Er war ein überaus gepflegter und reinlicher Typ, was ich super fand, aber das machte die Situation jetzt nur noch schlimmer. Er hatte sogar ein »Poop Shield«-Spray neben der Toilette stehen. Sorry, aber ich hatte noch nie jemanden getroffen, der Kackspray kaufte. Ich wusste also mit Sicherheit, dass dies der letzte Ort war, an dem ich Pupsluft hinterlassen sollte, insofern machte ich einen schnellen Kacken-Abwischen-Spülen-Move.

Ich sprühte ein wenig von dem Kackspray in die WC-Schüssel, als ich zu meinem großen Erstaunen bemerkte, dass sich das WC-Wasser gelb färbte.

What the fuuuuuuck?

Das Spray musste man, so las ich nach, *vor* dem Kacken ins WC sprühen. VORHER. Dann bilden die Tropfen wohl eine Barriere, die den Geruch abhält. Nun stand ich erneut vor einer schwierigen Entscheidung: Sollte ich noch mal spülen? Das internationale Zeichen für: ICH HABE GERADE GEKACKT!

Oder sollte ich die gelben Tropfen ignorieren, woraus er letztlich schlussfolgern würde, dass ich GEKACKT hatte?

Ich entschied mich für Letzteres, denn vielleicht würden sich die Tropfen nach einer Weile ja auf magische Weise auflösen.

Ich ging zurück ins Wohnzimmer und wusste einfach, dass alles an mir KACKE schrie. Haha.

Den Rest des Abends saß ich schwitzend und elend mit Bauchschmerzen auf seiner Couch und tat so, als würde ich über seine Witze lachen. Und wisst ihr, was ich dann gemacht habe? Ich bin nach Hause gegangen. Das heißt, ich bin geflüchtet. Um halb drei Uhr morgens. Um richtig zu kacken. Und während ich auf der Kloschüssel saß, musste ich ein wenig über all das weinen.

Frauen und Mädchen kacken sehr wohl, genau wie der Rest der Menschheit. Das weiß jeder mit ein bisschen Grips. Aber wieso ist das Kacken im Beisein eines Dates dann so ein Tabu? Wisst ihr, wie schlecht es für den Körper ist, seine Ausscheidungen zurückzuhalten? Wie weh das tun kann? Eine meiner Freundinnen hat mal drei Tage lang nicht gekackt, als sie übers Wochenende mit einem Mann weggefahren ist. Eine andere Bekannte, die schon seit einem Jahr (!) eine Beziehung hat, kackt immer noch nur bei sich zu Hause. Das ist doch Wahnsinn!

Ich schäme mich immer, wenn ich bei jemandem kacken muss, mit dem ich gerade das erste Mal Sex hatte, aber wenn ich das tue, bekomme ich eigentlich nie eine komische Reaktion. Insofern weiß ich, dass dieses Tabu bei der richtigen Person keine Rolle spielt. Trotzdem haben mir meine männlichen Klassenkameraden ständig ins Gesicht gefurzt, aber als ich ein einziges Mal auf dem Gang einen fahren ließ, haben sie mich angeschaut, als hätte ich mit diesem kleinen Pups eigenhändig das Patriarchat in die Luft gejagt. Eine Ermunterung wäre da wünschenswert: »Das hier ist mein Haus, und wenn du mal kacken musst, tu dir keinen Zwang an.« Und Leute, lasst es uns dann auch wirklich tun.

Der Wanderpokal von Rotterdam-Ost

Als ich in der Mittelstufe war, landete ich auf einer sogenannten Banga-Banga-Liste. Das ist eine Liste über Mädchen, die angeblich »leicht zu haben« sind. Die Listen wurden anonym erstellt und anschließend auf FiestaInfo eingestellt, eine Art soziales Netzwerk für Rotterdam, auf dem man auch Infos über Partys in der Stadt finden konnte. FiestaInfo, wie der Name schon sagt. Banga-Banga-Listen wurden ungefähr einmal pro Monat für den jeweiligen Rotterdamer Stadtteil herausgegeben und basierten natürlich auf Lügen. Wer auch immer damit angefangen hatte, musste entweder ziemlich eifersüchtig sein, oder man hatte der Person das Herz gebrochen, und nun wollte sie sich an allen Mädchen rächen.

Ich hatte jedenfalls einen Platz auf der Banga-Banga-Liste von Rotterdam-Ost ergattert. Der Täter hatte ein Foto aus meinem Profil kopiert und eine kurze Huren-Biographie dazu verfasst:

»Das ist Joy Delima. Schaut sie euch an. Mit diesen Blowjob-Lippen will sie den ganzen Tag Schwänze lutschen.«

Ich war vierzehn und hatte noch nie einen Penis angefasst, geschweige denn in den Mund genommen, aber erklär das mal deinen Klassenkamerad:innen in der Mittelstufe. Einen Monat lang war ich eine der »Blowjob-Schlampen« des Comenius-College in Rotterdam-Alexander, und es war schrecklich. Zu Hause bleiben war keine Option, da ich niemandem in meiner Familie erzählen wollte, dass ich zur Internethure avanciert war. Ich wollte auf jeden Fall vermeiden, dass meine Eltern oder meine große Schwester wütend in die Schule gestürmt kamen, denn dann war man eine richtige *pussy*. Also ließ ich den Monat stillschweigend über mich ergehen. Die Mädchen lachten mich auf dem Gang aus, wahrscheinlich erleichtert, dass sie diesen Monat verschont geblieben waren, und die Jungs riefen Sachen wie: »Joy, du hast ja gar nichts im Mund, stopf dir doch 'nen Schwanz rein!« Oder sie griffen sich an ihre gerade erst gewachsenen Eier, sahen mich herausfordernd an und fragten, ob ich Bock auf ihre Pimmel hätte.

Ich ging durch die Hölle, bis im nächsten Monat endlich eine neue Banga-Banga-Liste herauskam. Auf der war neben anderen L. das nächste Opfer, weil sie angeblich B. hinter dem Fahrradraum einen runtergeholt hatte. Ich lachte mit den anderen Mädchen, es ging ums Überleben. Offensichtlich hatte ich nicht viel aus meiner Erfahrung gelernt. Außer, dass ich so etwas nie wieder erleben wollte und dass ich in Sicherheit war, solange die Gerüchte nicht mich betrafen.

Bizarr ist übrigens, dass unsere Lehrer:innen von diesen Listen wussten, uns aber nie beiseite nahmen, um über Misogynie, die Gefahren von Cybermobbing oder das Verbreiten von Kinderpornographie zu sprechen. Ja, auch Nacktfotos, die man im Vertrauen an seinen Liebsten oder seine Liebste geschickt hatte, landeten nach der Trennung gern mal im Internet. Aber wir waren damals noch Kinder, gerade mal dreizehn Jahre alt.

Jungs kamen übrigens auf diesen Listen nie vor, sie konnten offenbar keine Schlampen sein. Ich erinnere mich noch, wie einmal das Nacktfoto eines Klassenkameraden online kursierte und die ganze Woche nur über die Größe seines Schwanzes geredet wurde. Ich hatte noch nicht mal jemanden geküsst und trotzdem glaubten alle sofort, ich sei eine miese Schlampe, aber als er in voller Pracht mit steifem Penis im Internet zu sehen war, war er ein Held. Damit will ich nicht sagen, wir hätten ihn *shamen* sollen, denn genau das ist ja das ganze Problem, aber irgendwie gibt es da eine drastische Schieflage, und das bis heute.

Frauenhass ist nichts Neues. Früher beschuldigte man Frauen der Hexerei, wenn man Böses im Schilde führte, und die betroffenen Frauen landeten dann auf dem Scheiterhaufen. Heute beschuldigen wir sie der Ausführung sexueller Handlungen, und sie landen im Internet. Und auch wenn es sich dabei um keine vorsätzliche Tötung handelt, so kommt es ihr doch in einigen Fällen erschreckend nahe und führt bei manchen tatsächlich zum Suizid.

Frauen und Mädchen können in ihrem Sexualverhalten eigentlich nur verlieren. Entweder man ist prüde oder eine Schlampe, entweder man kleidet sich zu maskulin, oder man sollte seine Brüste bedecken, um niemanden in Versuchung zu führen. Wie soll ein Mädchen in einem geschützten Rahmen lernen, dass man seiner Lust nachgehen darf, wenn alle Formen dieser Lust abgestraft werden? Wie anders wäre mein Blick auf Sex gewesen, wenn man meinen Platz auf der Banga-Banga-Liste mit einem anerkennenden Knuff quittiert hätte und einem: »Cool, dass du so gut blasen kannst, dass du es auf die Liste geschafft hast!«

Wie anders wäre das gewesen.

Seinen Mann stehen

Ach, das Patriarchat. Sobald ich das Wort fallen lasse, kriegt so mancher Mann bereits Schnappatmung, als hätte ich seine Mutter beleidigt, aber heute will ich eigentlich darüber reden, wie schädlich das Patriarchat gerade auch für Männer ist.

Vielleicht habt ihr schon mal den Begriff toxische Männlichkeit gehört. Er beschreibt bestimmte Verhaltensweisen und Denkmuster, die mit Formen von Männlichkeit zusammenhängen, negative Eigenschaften wie Dominanz, Gewalttätigkeit, sexuelle Aggression oder Unterdrückung, die wir zumeist mit Männern assoziieren und die unsere Gesellschaft lange Zeit auch von ihnen erwartet hat.

Deshalb fällt es zum Beispiel vielen Männern schwer, sich in der Öffentlichkeit verletzlich zu zeigen oder sich feminin zu kleiden, weil sie in einem patriarchalen System aufwachsen, das ihnen von klein auf beibringt, dass diese Dinge nicht zum Mannsein dazugehören und deshalb abgewertet werden. Und dieses eingeschränkte Bild von Männlichkeit hemmt auch das Sexualleben der Männer.

Wenn wir zum Beispiel Pornos Glauben schenken, dann machen Männer beim Sex keine Geräusche und ergreifen immer die Initiative. Sie sind dominant, wissen genau, was sie tun, haben ständig eine enorme Erektion und spritzen Unmengen an Sperma in jedes erdenkliche Loch.

Dieses Szenario entspricht nur in wenigen Fällen der Realität von Männern, und ehrlich gesagt finde ich, dass wir darüber unheimlich froh sein können. Denn ich habe mal Sex mit so jemandem gehabt, mit so einem Pornomann, und das war für keinen von uns beiden angenehm. Es hatte rein gar nichts mit Sex oder Lust zu tun, das war eine einzige Performance. Ein einziges Nachäffen dessen, was er in Pornos gesehen hatte, was dazu führte, dass ich mich in der klassischen passiven Rolle der Pornofrau wiederfand. Manchmal muss ich noch an meinen gephotoshoppten Pornomann denken, und dann tut er mir ehrlich gesagt ein bisschen leid, weil er bestimmt glaubt, es sei das, was alle Frauen wollen: stundenlang von einem großen, harten Schwanz gefickt werden, der an einem muskulösen Körper hängt, der keine Laute von sich gibt und keine Verletzlichkeit zeigt. Und vielleicht ist dieses Fazit überflüssig, aber: Nein, das wollen wir nicht. Oder na ja, was heißt »wir«, ich kann nur für mich selbst sprechen: Ich will das nicht.

Ich stehe auf männliche Verletzlichkeit, und dazu gehören auch ein erschlaffter Pimmel, wo eben noch ein Ständer war, Grenzen festlegen, Blickkontakt, Knutschen nach dem Blasen, der kleine Löffel sein wollen oder mein Favorit: männliches Stöhnen. O Männer, wenn ihr stöhnen wollt, dann tut das bitte. Ich kenne nämlich keine einzige Person, die auf Männer steht, aber nicht auf euer Gestöhne. Nicht nur, dass ihr dadurch besser Luft bekommt (was wiederum vorteilhaft für euren Orgasmus ist), ihr zeigt auch, dass ihr den Sex genießen könnt, und warum solltet ihr diese Botschaft der anderen Person vorenthalten?

Liebe Männer, mitunter höre ich von euch, dass ihr euch schwertut, untereinander tiefergehende Gespräche über Sex zu führen. Und wenn ihr darüber redet, dann nur, um anzugeben. Das bringt mich zu der Annahme, dass viele von euch genau wie ich mit Unsicherheiten herumlaufen, die unser Sexleben negativ beeinflussen. Und obwohl unsere Ängste ein und denselben Ursprung haben, werden meine Ängste und Unsicherheiten in der Öffentlichkeit diskutiert und eure nicht. Während ich fast nie komme, kommt ihr mitunter zu früh. Wo ich nicht feucht werde, werdet ihr nicht steif. Und während ich meine Brüste zu klein finde, findet ihr euren Bizeps zu mickrig. Wenn patriarchale Vorstellungen mein Sexleben beeinträchtigen, dann trifft das auch auf euch zu. Dass ihr untereinander oder mit euren Partner:innen nicht über die negativen Auswirkungen einer bestimmten Vorstellung von Männlichkeit redet, heißt nicht, dass es sie nicht gibt. Und wenn ich euch Glauben schenken darf, gibt es sogar eine ganze Menge. Je eher wir das begreifen, desto besser.

Richtiger Sex

»Joy, überall dort, wo du ›Sex‹ schreibst, meinst du eigentlich ›Penetration‹, und alles, was keine Penetration ist, nennst du ›Vorspiel‹. Aber lecken oder jemandem einen runterholen, ist auch Sex«, schrieb kürzlich eine Frau unter ein Foto von mir auf Instagram.

Als ich es las, wurde ich ganz still und kam sogar ein bisschen ins Schwitzen. Denn sie hatte absolut recht. Warum war mir das nicht selbst aufgefallen? Wenn mir so etwas Simples entging, was übersah ich dann noch alles? An diesem Tag ging ich gedanklich alle meine sexuellen Erfahrungen durch. Was hatte ich als Sex abgestempelt, und was nicht? Die Frau von Instagram hatte recht: Jedes Mal, wenn es nicht zur Penetration gekommen war, habe ich es auch nicht als Sex deklariert. Wenn mich meine Freund:innen nach einem Date fragten: »Und? Hattet ihr Sex?«, sagte ich: »Nein, wir hatten nur Oralverkehr/er hat mich nur gefingert/ich habe ihm nur einen runtergeholt. Aber richtigen Sex hatten wir keinen.«

Analysieren wir einmal, wieso meine bisherige Sichtweise auf »richtigen Sex« keinen Bestand hat. Menschen, die etwa nicht auf Penetration stehen oder sich nicht gegenseitig penetrieren können, weil sie beide eine Vulva haben, hätten nach dieser Definition nie richtigen Sex. Aber wenn ich eine Gruppe angeben sollte, die unglaublichen Sex hat, dann sind es Lesben. (Man denke nur an die Orgasmuslücke, wonach Heterofrauen am wenigsten kommen und lesbische Frauen am häufigsten).

Die lächerliche Vorstellung, dass queere Frauen und nicht-binäre Menschen mit einer Vulva beim Sex einen Penis vermissen würden, ist in unserer Gesellschaft noch immer weit verbreitet. Genauso wie die Frage: »Fehlt dir da nicht was, wenn du mit einer Frau zusammen bist?« Vor allem Männer stellen diese Frage gern Menschen, die der Anblick eines Penis überhaupt nicht erregt. Das nächste Mal, wenn jemand die Frage stellt, werde ich vorschlagen, dass er sich einfach selbst mal von einem Penis penetrieren lassen soll, wenn er das so geil findet. #Prostataorgasmuslücke.

Wir scheinen geradezu besessen davon zu sein, Penetration ins Zentrum unseres Sexlebens zu stellen. Und in meinem eigenen Leben hatte ich oft das Gefühl, dass Sex mit dem »Vorspiel« beginnt und mit dem Orgasmus des Mannes endet. In der Schule haben wir zum Beispiel gelernt, dass das »Vorspiel« etwas ist, das man macht, bevor das »richtige« Spiel anfängt. Aber es schien, abgesehen von Masturbation, nicht für sich selbst als vollwertiger Sex stehen zu können. Wobei ich schon mehrere Male in meinem Leben während des »Vorspiels« gedacht habe: »Eigentlich reicht mir das« oder »Eigentlich bin ich nicht mehr geil« und es dann trotzdem »zu Ende gebracht« habe. Ich glaube, wäre mir das schon in jungen Jahren klar gewesen, hätte ich meine Lust vielmehr in den Mittelpunkt gestellt.

Manchmal denke ich zum Beispiel beim Cunnilingus, dass wir das schnell hinter uns bringen müssen. Da es nur die Aufwärmübung für den »richtigen« Sex ist und ich imstande sein muss, bei der Penetration zu kommen. Obwohl ich doch, wie der Großteil der Frauen, bei der Penispenetration gar nicht zum Höhepunkt kommen kann (Fingerpenetration ist für viele wieder ein anderes Thema). Wären meine Partner und ich nicht so oft gedanklich schon beim nächsten Schritt gewesen, hätten wir uns stundenlang gegenseitig mit dem Mund oder den Händen befriedigen können, ohne Zeitdruck zu verspüren. Es ist insofern gar nicht mal so abwegig, dass ich immer glaubte, mich mit dem Orgasmus »schwerzutun«, da der Sex, wie ich ihn habe, nicht unbedingt zu meiner Befriedigung beiträgt.

Das Vorspiel-Penetration-Ejakulations-Schema ist nicht meins. Es ist nicht vulvenfreundlich. Vielleicht können wir Dinge wie Sexting, Blickkontakt, Flirten und Knutschen als Vorspiel definieren. Und was ist dann »echter« Sex? Das ist ganz und gar euch selbst überlassen. Ihr habt Bock, eine Stunde lang drei Schwänze aneinander zu reiben? Go for it. Echt ist, was euch anmacht.

Bisschen analen Kram machen

Tinder gibt es inzwischen seit zehn Jahren. Hurra! Von diesen zehn Jahren war ich acht Jahre lang immer mal wieder auf der App aktiv (sprich: powerswipen aus Langeweile beim Kacken). Und dank meiner engagierten Teilnahme an der Fleischbeschau Nr. 1 glaube ich, dass ich aus professioneller Sicht wirklich etwas Sinnvolles zu den gesellschaftlichen Entwicklungen in Sachen Online-Dating und Sex beisteuern kann.

Die Frage lautet: Was suchen wir? Wie kriegen wir es? Und wie weit gehen wir, um es zu kriegen? Und vielleicht das Allerwichtigste: Wie definieren wir uns selbst? Gegenwärtig definiert sich der durchschnittliche Tinder-User jedenfalls als: *OPEN MINDED!* Ernsthaft. In Großbuchstaben. Man öffnet eine Dating-App und zack, schon wieder ist jemand wahnsinnig offen.

Die ersten paar Male, die ich das las, dachte ich, ah, das ist eine gute Eigenschaft! Denn zugegeben, openminded zu sein – beziehungsweise aufgeschlossen, wenn man es ganz normal ausdrücken will –, ist ja grundsätzlich nichts Schlechtes. Aufgeschlossen zu sein heißt unter anderem, eine offene Haltung zu haben, offen zu sein für andere

Meinungen und Perspektiven oder anderen Geschlechtsidentitäten gegenüber. Alles Eigenschaften, die ich an Menschen schätze.

Insofern swipe ich als links-progressive Frau so einen aufgeschlossenen Mann erst mal nach rechts (das bedeutet, dass man den anderen interessant findet und auf ein Match hofft). Nach dem Match, fünf drögen Fragen zum Wetter und meinem Lieblingsreiseziel frage ich ihn schließlich:

»Was bedeutet ›OPEN MINDED!‹ eigentlich konkret für dich?«

Eine kleine Ewigkeit hüpfen die drei Pünktchen, die anzeigen, dass er eine Antwort tippt, über mein Display. Bestimmt kommt er gleich mit einem Manifest über Weltfrieden und eine Welt ohne Grenzen daher.

»Haha, hatte mich schon gefragt, ob du mich deshalb nach rechts geswipt hast. Was glaubst du denn, was es bedeutet? [Äffchen-das-beschämt-sein-Gesicht-hinter-den-Händen-verbirgt-Emoji].«

Ich seufze tief, verdrehe die Augen so weit nach hinten, dass es wehtut, und bekomme kurz Angst, sie könnten dort stehen bleiben. Nicht nur, weil ich jedes Mal ein bisschen kotzen muss, wenn Erwachsene das Äffchen-Emoji benutzen, sondern auch weil ich nicht verstehe, warum Leute immer dieses »Was glaubst du denn, was es bedeutet?« hinterher schieben, wenn doch klar ist, dass ich es nicht weiß und genau deshalb gefragt habe, also eine Antwort erwarte.

Aber gut. Was dachte ich, dass es bedeutet? »Haha, ähm, okay … Ich bin davon ausgegangen, dass ›OPEN MINDED!‹ bedeutet, dass du gerne neue Dinge ausprobierst, auch mal ungewohnte Wege einschlägst und Menschen, die eine andere Sicht auf die Dinge haben als du, nicht diskriminierst. So etwas in die Richtung?«

Die Tipp-Pünktchen tanzen wieder, diesmal nur kurz.

»LOL, damn. Ähm, nicht wirklich, tbh. [Äffchen-das-beschämt-sein-Gesicht-hinter-den-Händen-verbirgt-Emoji]«

Okay, Jan-Gerrit, hör auf mit dem Scheiß. »Was meinst du dann?«

Die Pünktchen tanzen einen kurzen Cha-Cha-Cha. »Haha, na ja, dass ich ein bisschen auf Kink stehe. Bisschen ungezogen sein und so. Bisschen SM-Kram, bisschen Bondage, du weißt schon. Bisschen analen Kram machen und so. Bist du dafür offen??«

Ich klicke auf »Konto löschen«.

Möchtest du dein Konto wirklich löschen?

JA.

Bitte lass uns wissen, warum du dein Konto löschen willst.

Was glaubt ihr denn, warum??

Lieber reibe ich meine Klit an einem Bordstein, als dass ich »bisschen analen Kram« mit Jan-Gerrit mache (was zur Hölle das auch immer sein soll) und wo mir vor allem ein lebenslanges sexuelles Trauma garantiert ist. Nichts gegen analen Kram und kinky Sex, ich will ECHT niemanden für seinen Kink shamen, aber jeder, der bei der Angabe von sexuellen Handlungen »ein bisschen« hinzufügt, hat sich meines Erachtens nicht besonders viel damit beschäftigt und keine Ahnung, wovon er da redet.

Und so rückt das beschämte Äffchen doch noch mit der Sprache raus.

Was suchen wir? Kinky Sex. Wie kriegen wir es? Indem wir es einfach als *OPEN MINDED!* deklarieren. Da dachte ich ernsthaft, im Internet endlich mal auf Tiefgang zu stoßen, und dann geht es doch wieder nur um Sex.

Beste Sexjahre

Manchmal ertappe ich mich bei dem Gedanken: *Ach ja, so vergehen meine besten Sexjahre!* Ich habe diesen Gedanken nie hinterfragt und mich nicht näher damit beschäftigt, warum ich so denke. Ehrlich gesagt wusste ich nicht mal genau, was ich damit meinte, bis ich eine Sexszene in einem spanischen Film sah. Aber nicht bloß irgendeine Sexszene, nein, eine Sexszene zwischen vier Menschen, die alle weit über fünfzig waren. Ich begriff in dem Moment, dass ich seit Jahren keine älteren Menschen beim Sex im Fernsehen gesehen hatte. Jedenfalls nicht ernsthaft, nicht abseits von Komödien. Auf einmal verspürte ich diesen kindlichen Drang wegzuschauen, dasselbe Unbehagen, das man hat, wenn einem klar wird, dass die eigenen Eltern Sex hatten, um einen zu zeugen.

Ich erschrak ein wenig über meine Reaktion. Ich schaute die ganze Szene und hoffte dabei inständig, er möge bald vorbei sein, dieser Menschen-im-mittleren-Alter-Sex, während mir gleichzeitig klar wurde, dass natürlich auch ältere Menschen Sex haben. Was in der Folge hieß, dass meine besten Sexjahre noch längst nicht vorbei waren.

Wie bizarr ist das bitte? Ich sehe nur äußerst selten Schauspielerinnen über, sagen wir, vierzig in einer heißen Sexszene mit entblößtem Busen und Hintern, und nun, wo ich es zu sehen bekam, wollte ich es nicht sehen, fand es sogar unsexy und abtörnend. Vermutlich weil ich nie gelernt habe, dass der Anblick sexy oder antörnend sein kann. Ich höre manchmal von Kolleginnen, die älter werden, dass sie, seit sie graue Haare haben, nur noch für die enthaltsame Mutterrolle gecastet werden. Selbstverständlich ist nichts falsch daran, »die Mutter« zu sein, im Gegenteil, ich möchte sogar sehr gern Mutter werden, aber mit über vierzig sind Frauen mehr als das. Und ich will damit auch nicht sagen, dass jede weibliche Darstellerin sexy sein muss, bitte nicht. Aber welche Sicht wir als Gesellschaft auf ältere Frauen haben, hat meiner Meinung nach viel damit zu tun, wie wir ältere Frauen in Film und Fernsehen porträtieren. Im Kino haben ältere männliche Charaktere oft eine sehr junge Geliebte. Das sogenannte *love interest* ist in der Regel zwanzig Jahre jünger als der Mann, und das wird dann als das Normalste der Welt dargestellt. Niemand im Film fragt den alten Mann: »Hey Kyle, wie kommt es, dass sich eine so hübsche, junge, intelligente Sechsundzwanzigjährige für dich interessiert, wo du doch achtundvierzig bist, drei Kinder aus zwei Ehen hast, aggressiv und emotional unzugänglich bist?«

Andersherum sehen wir das fast nie im Film: eine achtundvierzigjährige Frau, die mit einem sechsundzwanzigjährigen Mann verheiratet ist und nie auf den Altersunterschied angesprochen oder als »Cougar« bezeichnet wird.

Das zeigt, wir haben als Gesellschaft ein echtes Problem, und das sollte sich dringend ändern. Weibliche Sexualität sollte nicht aufhören zu existieren, sobald Frauen älter werden. Heißt das, wir müssen ältere Frauen im Kino öfter von ihrer sexuellen Seite zeigen, oder sollten wir eher aufhören, junge Frauen und Mädchen so derart zu sexualisieren? Sollten wir ältere männliche Drehbuchautoren häufiger zurechtweisen, wenn ein fünfzigjähriger Nichtsnutz wieder eine unnötige Kussszene mit einer vierundzwanzigjährigen Geliebten hat, oder sollten wir einfach Platz schaffen für neue, junge Schreibtalente mit realistischen Geschichten?

Gelten Frauen nach der Menopause nicht mehr als sexuell ansprechend, oder sind sie nicht vielmehr vom Ballast der Menstruation und Verhütung befreit und treten in eine neue Phase ihrer Sexualität ein?

Erektionsstörungen und exzessiver Gebrauch von Viagra scheinen alte Männer im Kino nicht aufzuhalten, warum also in Gottes Namen sollte es die Menopause bei Frauen tun?

Lust auf Wurst?

Wenn ich jemanden zum ersten Mal zum Essen bei mir zu Hause einlade, frage ich immer, was die Person gerne isst. Ich habe noch nie für jemanden gekocht, ohne die Person nach ihrer Ernährungsweise, ihren Allergien und Vorlieben zu fragen. Umgekehrt habe ich auch noch nie erlebt, dass mir jemand verkündet: »Überraschung! Es gibt Rinderzunge mit Erdnussbutterdressing«.

Nein, es ist üblich, vorher zu fragen, ob jemand ein bestimmtes Gericht mag oder nicht, denn man kann unmöglich wissen, was jemand, den man nicht sehr gut kennt, gerne isst. Die Frage ist also völlig normal. Das Letzte, was man will, ist, den ganzen Tag in der Küche zu stehen, nur um dann festzustellen, dass der anderen Person das Essen nicht schmeckt oder sie deswegen fast in der Notaufnahme landet. Wenn ich für jemanden koche, kann ich es wirklich genießen, zu sehen, wie das, was ich koche, dem anderen schmeckt.

So ist es auch beim Sex. Wenn man eine:n neue:n Partner:in hat, hat man keine Ahnung, was diese Person mag. Das ist völlig normal und in Ordnung. Aber warum ist es dann nicht völlig normal zu fragen, welche Art von Sex jemand mag? »Was möchtest du heute Abend essen?« Normale Frage. »Auf welche Art von Sex hast du heute Lust?« Nicht normale Frage.

Das Konzept »Essen« ist in dieser Hinsicht genauso weit gefasst wie »Sex«. Das Erste, woran wir bei »Essen« denken, ist vermutlich Zutaten-in-Mund, während wir bei »Sex« an Penis-in-Vagina denken. Aber das sind beides lediglich Oberbegriffe. Essen wir vegetarisch oder omnivor? Mild oder scharf? Mit Besteck oder mit den Händen? Haben wir Sex mit oder ohne Penetration? Stehen wir auf Spanken? Auf anal?

Die Homepages von Uber Eats (ein Essenslieferdienst) und PornHub (ggf. bitte googeln) sind sich beispielsweise extrem ähnlich. Beide sind nach Kategorien gegliedert. Man sucht nicht nach »Essen«, sondern nach »Fast Food« oder »Gesunde Kost«. Und wenn man Pornos sucht, sucht man höchstwahrscheinlich auch nach einer bestimmten Art von Pornos und nicht nach »Sex« (es sei denn, man ist acht und hat das iPad von Papa stibitzt). Nein, man sucht nach »ethischem Porno«, »fraufreundlichem Hardcore-Sex mit Orgasmus« oder »Frauen, die männliche Subs dominieren, während sie Latex tragen und kubanische Zigarren rauchen« oder so etwas in der Art.

Wir alle haben sexuelle Vorlieben, meist sogar mehr als nur eine und oft eine, von der niemand etwas ahnt. Wenn ich Lust auf ein Brot mit Sambal Badjak, Marmelade und Erdnussbutter habe, muss ich ausdrücklich danach fragen. Wenn ich auf eine bestimmte Art von Sex Lust habe, muss ich auch das klar kommunizieren.

Kann es sein, dass wir uns, wenn es um Sex geht, oft überschätzen? Viel zu viele Menschen gehen davon aus, sie wüssten, worauf andere Leute, teils völlig Fremde, Lust haben. Dabei könnten wir es uns viel einfacher machen. Wir müssen nicht im Voraus wissen, was jemandem gefällt. Mehr noch, wir sollten aufhören zu raten. Wir sollten öfter davon ausgehen, keine Ahnung zu haben. Ja, es spricht nichts dagegen, die Grundlagen des Kochens zu erlernen: Wie man eine Avocado unfallfrei aufschneidet, welche Gewürze zu welchen Zutaten passen und dass das Anbraten von Zwiebeln und Knoblauch das Vorspiel für viele Gerichte ist.

Aber, und damit fasse ich mir auch an die eigene Nase, wenn man will, dass jemandem das Essen wirklich schmeckt, muss man ihn zuerst fragen, worauf er Lust hat.

Auch das noch

Ich war dreiundzwanzig und stand wie jeden Morgen unter der Dusche, als mich plötzlich ein stechender, menstruationsähnlicher Schmerz im linken Unterbauch durchzuckte. Seltsam, für meine Tage ist es viel zu früh, dachte ich noch. Ich versuchte also, den Schmerz wegzuatmen, wie ich es auch bei Menstruationskrämpfen mache, aber er ließ nicht nach. Im Gegenteil, der Schmerz wurde so stark, dass ich in der Dusche auf die Knie sank. Da meine Schmerzgrenze aufgrund meiner starken Regelblutung ziemlich hoch ist, war ich fest davon überzeugt, dass ich auf der Stelle sterben würde. Eine Blinddarmentzündung wäre zwar auch möglich gewesen, aber irgendwie erschien es mir in dem Moment realistischer, dass mich mit dreiundzwanzig der frühe Tod ereilen würde.

Auf Händen und Knien, nass und nackt, kroch ich in mein Schlafzimmer, während ich immer wieder verzweifelt leise »Aua, aua, aua« stöhnte. Nach einer gefühlten Ewigkeit erreichte ich endlich mein Handy und rief meine Mutter an.

»Ma«, winselte ich.

»Was ist los?!« Stets besorgte Mütter weinend anzurufen, jagt ihnen einen solchen Schrecken ein, das sollte man echt nicht machen.

»Ich habe Schmerzen im Bauch, im Unterleib. Ich kann nicht mal mehr, nicht mal mehr laufen.« Ich weinte schluchzend, aber gleichzeitig lächelte ich ungläubig, so von wegen: Werde ich jetzt allen Ernstes nackt sterben?

»Ruf sofort den Hausarzt an.«

Kurz darauf saß ich im Wartezimmer des Hausarztes und versuchte, meinen Körper zu entspannen. Plötzlich war der Schmerz weg. Einfach so, bähm. Bevor ich unauffällig weglaufen konnte, um nie wieder zurückzukehren, ertönte die Stimme des Arztes: »Frau Delima?«

Mit Schamesröte auf den Wangen nahm ich auf der Behandlungsliege Platz. Ohne allzu viel Blickkontakt herzustellen, erzählte ich ihm, was an diesem Morgen geschehen war und auch dass der Schmerz jetzt weg sei. »Aber bis eben war der Schmerz noch richtig heftig.«

Er drückte mir hier und da auf meinen nackten Bauch und stellte alle möglichen Fragen, die ich verneinte. Bis er fragte, ob ich meinen Zyklus beobachte.

»Ja«, antwortete ich.

»Könnte es sein, dass Sie heute Ihren Eisprung haben?«

Schnell schnappte ich mir mein Handy und scrollte zu Flo, meiner Zyklus-App, in der ich alles über meinen Zyklus, meine Vulva und mein Sexleben festhalte. Zu meiner großen Überraschung hatte ich laut Statistik an genau diesem Tag meinen Eisprung.

»Dann war es wahrscheinlich der Mittelschmerz während des Eisprungs.«

»Wie bitte, was?«

Er lächelte sanft und erklärte es mir in etwa so: Eine Eizelle entwickelt sich in einem Follikel. Während ihres Wachstums ist sie von Follikelflüssigkeit umgeben. Beim Eisprung »stößt« der Eierstock die Eizelle, die Flüssigkeit und etwas Blut ab. Wenn die Eizelle reif ist, platzt sie aus dem Follikel. Dabei kann es zu Blutungen oder einem veränderten Ausfluss kommen. Blut und Flüssigkeit können die Schleimhäute des Unterleibs reizen und starke Schmerzen verursachen.

Manche Menstruierende haben jeden Monat oder in regelmäßigen Abständen Schmerzen während ihres Eisprungs. Meistens spürt man die Schmerzen dann links oder rechts im Unterleib, je nachdem, welcher Eierstock in diesem Monat eine Eizelle abstößt. Mittlerweile habe ich meine Eierstöcke untersuchen lassen, und zum Glück ist alles in Ordnung mit ihnen, aber seit diesem Tag in der Dusche habe ich einen spürbaren Eisprung, manchmal begleitet von Unterleibsschmerzen, Verstopfung und Kopfschmerzen. Zum Glück war es aber nie wieder so schlimm wie an diesem Tag.

Als ich die Geschichte auf Instagram teilte, stellte sich heraus, dass ein großer Teil meiner menstruierenden Follower:innen den Mittelschmerz nicht kannte, obwohl sie die gleichen Beschwerden hatten. Ihnen war schlicht nie aufgefallen, dass die Schmerzen jeden Monat in dieselbe Woche fielen. Die Beobachtung meines Zyklus ändert zwar nichts an meinen Beschwerden, aber ich lerne, meinen Körper besser zu verstehen und meine Termine an die Schmerzen anzupassen. In schweren Zeiten ist das immerhin ein kleiner Trost.

Panda-Punkte

Ich habe seit genau einem Jahr keinen Sex mehr gehabt. Dabei denken alle, ich sei Samantha Jones höchstpersönlich. Haha, von wegen.

Es ist auch nicht das erste Mal in meinem Leben, dass ich ein Jahr lang keinen Sex hatte, aber es ist das erste Mal, dass ich durch mein Schreiben so viel über diese sexlose Existenz nachdenken konnte. Alles fing an, als ich das letzte Mal mit jemandem schlief. Mein Gegenüber hatte jede Menge Grenzen überschritten, und alles, was ich dazu sagte, war:

» …«

Genau: Nichts.

Wir waren mittendrin, und ich überlegte nur: Wie soll ich das meinen Leser:innen erklären, wo ich doch immer betone, wie wichtig Kommunikation ist?

Als er wenig später schnarchend neben mir lag, dachte ich darüber nach, wie wenig ich den Sex genossen hatte. Nicht, weil er mich nicht hatte befriedigen wollen – ich glaube, er hat zwischendrin sogar mal so etwas gefragt wie »Gefällt dir das?« –, sondern weil ich nicht in der Lage war, meine Bedürfnisse zu äußern. Sobald er die erste Grenze überschritten hatte, dachte ich wieder an den sexuellen Übergriff zurück, den ich mit siebzehn erlebt hatte, und verkrampfte.

Warum sollte ich weiterhin Gelegenheitssex haben, wenn ich ihn sowieso nicht genießen konnte, dachte ich. Was hatte ich denn davon? Außerdem hatte ich ganz offensichtlich ein Trauma zu verarbeiten, ein Trauma, das noch in meinem Körper steckte. Also strich ich Gelegenheitssex von meiner Liste. Ich musste zuerst lernen, zu kommunizieren, Nein zu sagen und Sexpartner zu finden, denen ich vertrauen konnte.

Dieses »Nein sagen« ging mir zunächst leicht von der Hand. Im Laufe des Sommers geriet ich dreimal in sexuelle Situationen, in denen ich mich traute, meine Grenzen aufzuzeigen, und wir es beim Knutschen oder Herumfummeln beließen. Weiter gehen wollte ich nicht. Das Ziel war, mein eigenes sexuelles Narrativ neu zu entdecken, es umzuschreiben. Unbewusst wählte ich den »einfachen« Weg. Die drei jungen Männer, mit denen ich im Sommer übte, waren anders als meine üblichen Partner. Alle drei waren jünger und kleiner als ich und insofern in keiner offensichtlichen Machtposition mir gegenüber. Es waren Typen, bei denen ich sicher war, dass ich mit ihnen fertig werden würde, sollten sie plötzlich meine Grenzen überschreiten. Und das taten sie auch ein wenig, aber wie ich vorhergesehen hatte, hörten sie auf mein »Nein«, wenn auch widerwillig.

Hätte ich es auch gewagt, wenn sie älter, größer oder einflussreicher gewesen wären? So schmerzhaft es auch ist, sich das einzugestehen: Ich glaube nicht. Also hörte ich ganz auf, Sex mit anderen zu haben, kaufte mir einen neuen Vibrator (weil #selflove) und arbeitete an meinen Kommunikationsfähigkeiten. Nun ist ein Jahr vergangen.

Und ich habe gelernt, dass meine Lektion nicht darin besteht, sexuelle Kontakte zu vermeiden, sondern darin, sie unter neuen Bedingungen zuzulassen. Mein Problem ist die Konfrontation mit dem anderen. Im letzten Jahr habe ich Sex buchstäblich vermieden, aber so kann kein neues Narrativ entstehen. Es wird lediglich pausiert. Deshalb möchte ich jetzt eigentlich wieder auf Play drücken. Und zwar im Zeitlupentempo.

Ich schreibe das ganz ohne negativen Unterton, es ist vielmehr eine neue, positive Erkenntnis. Monatelang konnte ich Phantasien entwickeln, auf welche Art von Sex ich eigentlich Lust habe, und vor allem mit welcher Art von Person ich ihn auf sichere Weise entdecken möchte. In gewisser Weise habe ich angefangen, höhere Ansprüche an meine Partner und an mich selbst zu stellen. Sobald ich diese höheren Ansprüche stellte, fiel es mir besonders leicht, keinen Sex mehr mit anderen zu haben. Ich sah einfach keinen Grund mehr, mit einem Fremden Sex zu haben. Und außerdem war der neue Vibrator, also eigentlich ich selbst, der beste Sexpartner, den ich je hatte. So gesehen war mein enthaltsames Jahr kein sexloses Jahr. Aber ohne diesen Raum zur Selbstreflexion wäre ich womöglich noch längst nicht an diesem Punkt angelangt.

Von nun an kannst du schwanger werden

Als ich jung war, habe ich nie mit Jungs über meine Tage geredet

»Geht's dir gut, Joy?«, fragten sie manchmal, wenn ich wegen eines Krampfes kurz das Gesicht verzog.

»Ja, ich hab bloß Bauchweh«, sagte ich dann.

Aber das Stillschweigen galt nicht nur vor den Jungs. In meiner Schulzeit war die Menstruation etwas, wofür man sich vor allen schämen musste. Wie oft saß ich auf der Mädchentoilette und hörte, wie jemand in der Kabine neben mir ganz vorsichtig die Verpackung einer Binde öffnete. Wie oft war ich selbst das Mädchen, das still und leise Plastikstreifen für Plastikstreifen abzog, um die Binde zu wechseln, obwohl auf der Toilette eigentlich nur Mädchen waren, die ebenfalls menstruierten. Lediglich meinen besten Freundinnen vertraute ich mich manchmal an, dem engsten Kreis. Ihnen erzählte ich von meinen Unterleibsschmerzen, man steckte sich heimlich und unauffällig Binden, später, als wir älter wurden, Tampons zu und gab sich gegenseitig Tipps, wie man eine Befreiung vom Sportunterricht bekam, denn beim Völkerball mit voller Wucht einen Ball in den Unterleib zu bekommen, wenn man gerade seine Tage hat, lindert die Krämpfe nicht unbedingt, aber erklär das mal deinem Sportlehrer.

Die Menstruation ist und bleibt ein Tabuthema. Die Jungs in meiner Klasse machten Würgegeräusche, wenn wir in Biologie darüber sprachen, und auch die Mädchen konnten sich noch nicht so recht mit den natürlichen Vorgängen in ihrem Körper anfreunden. Eigentlich logisch, denn in dieser Phase unseres Lebens führte es nur zu unangenehmen Gesprächen mit unserer Mutter darüber, dass wir nun Frauen seien, schwanger werden könnten und alle paar Stunden die Binde wechseln müssten.

Ich war dreizehn, als ich meine Periode bekam. Ich hatte an jenem Tag einen Probenachmittag in einer weiterführenden Schule, und kurz bevor wir losgingen, bekam ich Bauchschmerzen. Schnell ging ich auf die Toilette, wo ich einen braunen Fleck in meiner Unterhose bemerkte.

»Was zum Teufel?«, flüsterte ich leise.

Einen roten Fleck hätte ich ja noch verstanden, aber braun? Nur damit das klar ist: Menstruationsblut ist an den Tagen, an denen man am stärksten blutet, hellrot. Aber kurz vor und kurz nach diesen Tagen kann es sich braun färben. Das liegt meist daran, dass es an der Luft mit Sauerstoff reagiert hat, sich mit Teilen der Gebärmutterschleimhaut vermischt hat oder es sich um altes Blut handelt, das schon länger aus der Gebärmutter fließt.

Das alles wusste die dreizehnjährige Joy jedoch nicht, die wirklich dachte, eine verdammte Bremsspur sei aus ihrer Vagina gekommen. Den ganzen Tag versuchte ich, das Blut mit Klopapier aufzufangen. Als ich meiner Mutter am Abend davon erzählte, fing sie an zu lachen.

»Du hast deine Tage, Joy.«

Vor ein paar Jahren wurde mir klar, dass ich nie aufgehört hatte, mich vor Jungs, dann Männern, für meine Periode zu schämen. Wenn ich Schmerzen hatte, sagte ich, ich sei müde oder mein Magen mache mir zu schaffen. Bescheuert. Ich beschloss, sofort damit aufzuhören.

Ich schaltete in den Feminismus-Modus, machte mich auf all die verklemmten Macho-Reaktionen gefasst, die ich bekommen würde und sprang ins kalte Wasser.

»Joy, geht's dir gut?«

»Nein, ich hab Unterleibsschmerzen, ich habe meine TAGE.«

»Ach, shit, darunter leidet meine Freundin auch immer. Kann ich dir was holen?«

Ja, so wie ich hatten die Jungs von damals inzwischen wohl auch einige Erfahrung mit menstruierenden Menschen gesammelt. Deswegen hatte ich mich all die Jahre verrückt gemacht? Obwohl, während eines Meetings aufzustehen und nach einem Tampon zu fragen, war dann schon weit weniger selbstverständlich, gab mir aber dennoch ein Gefühl von Stärke.

Ich menstruiere nicht mehr heimlich. Ich weigere mich. Es ist nicht so, dass ich jetzt überall reinkomme, mich vorstelle und dann sage, an welchem Tag meines Zyklus ich gerade bin, aber wenn ich während einer Theaterprobe oder eines Drehs auf Toilette muss und die

Reaktion kommt: »Kann das nicht bis nach der Szene warten?«, dann sage ich: »Nein, ich habe meine Tage.« Und das ist für die dreizehnjährige Joy in mir ein Sieg auf ganzer Linie.

Echt mal

Ich habe noch nie einen Orgasmus vorgetäuscht. Ich meine, bis auf das eine Mal, ihr erinnert euch, als jemand nach fünfzehn Sekunden Fingern »Komm schon!« rief und ich aus Panik ein gekünsteltes Crescendo an Gestöhne produzierte, das er mir nicht mal abnahm. Aber ich versichere euch, danach habe ich es nie wieder getan.

Dabei hat es genügend Momente in meinem Leben gegeben, in denen ich »einfacher« aus der Sache rausgekommen wäre, wenn ich etwas vorgespielt hätte, aber ich sah einfach nie den Sinn darin. Wenn ich vorhabe, öfter mit jemandem Sex zu haben, nützt es doch niemandem, wenn ich so tue, als würde es mir gefallen, während derjenige die ganze Zeit knapp neben meinem Kitzler reibt und sich denkt: *Ah, nice, bro. Joy kommt, wenn ich dieses oder jenes mache*. Und beim nächsten Mal macht er es dann natürlich wieder. Muss ich dann erneut einen Orgasmus vortäuschen? Soll ich nach sieben Monaten des Vortäuschens plötzlich sagen: »Hey, ich hab dir die ganze Zeit nur was vorgespielt, können wir mal was anderes versuchen?« Wie fängt man so ein Gespräch überhaupt an?

Aus Studien geht hervor, dass ungefähr 67 Prozent (!!!) aller Frauen irgendwann mal einen Orgasmus vortäuschen. Die häufigsten Gründe dafür sind laut diesen Studien, dass sie ihrem Partner nicht das Gefühl geben wollen, im Bett zu versagen, oder es ihnen zu lange dauert und sie es beenden wollen. Wenn Frauen einen Orgasmus vortäuschen, geschieht das am häufigsten beim penetrativen Sex. Das ist auch nicht verwunderlich, denn nur ein Viertel aller Frauen kommt dabei zum Höhepunkt. Und auch das ist nicht verwunderlich, denn der äußere Teil der Klitoris wird so gut wie gar nicht stimuliert. Die Klitoris kann allerdings auch von innen stimuliert werden (der sogenannte G-Punkt, der aber eigentlich nur der innere Teil der Klitoris ist, der durch die Scheidenwand stimuliert wird), aber die Form des Penis ist dafür leider nicht ideal. Die Stelle, an der die Klitoris von innen stimuliert wird, liegt direkt vorne, nur wenige Zentimeter vom Eingang entfernt und oben an der Scheidenwand und wird von einem »zu tief« eindringenden Penis nicht ausreichend stimuliert. Am besten stimuliert man diese Stelle mit den Fingern, indem man eine »Komm her«-Geste macht und etwas Druck nach oben ausübt, oder mit speziellen G-Punkt-Spielzeugen.

Immerhin ausreichend Gründe, um zu erkennen, dass das Ausbleiben des Orgasmus nicht an euch liegt, sondern an der Art, wie ihr Sex habt. 67 Prozent aller Frauen sorgen sich demzufolge mehr um das Ego ihres Sexualpartners als um ihren eigenen Genuss.

Liebe Frauen: HÖRT AUF DAMIT. Ihr tut damit niemandem einen Gefallen. Weder euch noch eurem Partner noch den zukünftigen Partner:innen eures Partners. »Oh, aber meine Ex ist immer gekommen, wenn ich das gemacht habe.« Das ist, was dann passiert. Jemand anderes muss euren Partner davon überzeugen, dass das dreiminütige Saugen an der linken inneren Schamlippe keinen Orgasmus auslöst, und das macht niemandem Spaß.

Ihr müsst (und ich mag wirklich keine Muss-Sätze) anfangen zu kommunizieren. Egal, ob ihr Schmerzen habt oder einfach nur den Kopf voller Gedanken: Ihr habt das Recht, eurem Partner zu sagen, dass ihr (eine Weile) aufhören wollt. Wenn ihr mit dem Sex aufhören wollt, ist es nicht eure Aufgabe, eurem Partner zuerst einen Ego-Boost zu geben, indem ihr euch und ihn zum Kommen bringt. Dann habt ihr Sex gegen euren Willen. Wenn man weiter isst, obwohl man eigentlich satt ist, bekommt man Bauchweh. Hört auf euren Körper, ihr müsst den Teller nicht leer essen.

Urlaubsvibrator

»Was packen Leute alles in ihre Urlaubskoffer?«, fragte mein Regisseur. Es musste eine Liste mit Requisiten für ein Set erstellt werden.

Zahnbürsten, Malbücher, Bankkarten, Shampoo – »und Vibratoren«, rief ich hinterher.

»Vibratoren? Wer nimmt denn einen Vibrator mit in den Urlaub? Das ist doch der letzte Ort, an dem man so etwas braucht.«

Ich dachte, er mache Witze, aber er sah mich todernst an und wartete auf meine Antwort.

»Menschen, die ohne Vibrator nicht zum Orgasmus kommen, zum Beispiel?«, begann ich vorsichtig, aber bestimmt. »Ein Vibrator ist eine gute Ergänzung zum Sexleben, nur weil man ihn benutzt, heißt das nicht, dass es im Bett schlecht läuft.«

Ich konnte die plötzliche Erkenntnis in seinen Augen sehen. Darüber hatte er noch nie nachgedacht. »Okay, fügt der Liste hinzu: Vibratoren.«

Ich habe jetzt schon oft über die Verwendung von Vibratoren in meinem eigenen Leben und meine positiven Erfahrungen damit geschrieben, aber jetzt möchte ich über die Verwendung von Sexspielzeug beim Sex mit anderen sprechen.

Viele Menschen haben die Vorstellung, dass so ein Spielzeug eine Konkurrenz darstellt, nach dem Motto: Ich allein kann meine:n Partner:in offenbar nicht befriedigen, also muss ein Spielzeug her, und danach kann ich mich eigentlich gleich verpissen.

Aber versucht doch mal, das Spielzeug als euren Teamkollegen zu sehen. Überlegt euch, wie ihr mit dem Spielzeug zusammenarbeiten könnt, um eurer:m Partner:in noch mehr Freude zu bereiten, denn seien wir ehrlich: Wenn ihr so ein Spielzeug als Beleidigung empfindet, dann müsst ihr wirklich an eurem Ego arbeiten. Im Bett geht es nicht darum, die eigene Ehre oder was auch immer zu verteidigen, sondern um das Vergnügen von euch und euren Partner:innen. Wenn das der Ansatz aller Beteiligten ist, verbringt man in der Regel einen sehr angenehmen Abend. Oder Tag.

Viele Menschen, und bestimmt nicht nur Frauen, besitzen Sexspielzeug. Irgendwo in einem Schuhkarton, unter dem Bett, im Nachttisch; irgendwo sicher. Leider werden diese Spielzeuge oft vor dem:der Partner:in geheim gehalten oder nur bei der Selbstbefriedigung hervorgeholt.

Wenn ich frage, warum die Leute ihr Spielzeug verstecken, ist die Antwort oft die Angst, als übersexualisierter Freak zu gelten. Aber sind wir das nicht insgeheim alle?

Scherz. Oder auch nicht. Denn wenn ihr die Wahl hättet zwischen richtig gutem Sex mit einem Orgasmus und noch besserem Sex mit, sagen wir, drei Orgasmen und zusätzlicher Stimulation würdet ihr euch dann nicht für Letzteres entscheiden, wenn auch nur hin und wieder mal an einem verregneten Sonntag?

Ich bin ganz ehrlich: Direkt beim ersten Mal Sex mit jemand Neuem ein Spielzeug einzuführen, habe ich mich auch noch nie getraut. Auch in meinem Kopf gibt es die Vorstellung, dass es erst einmal ohne Hilfsmittel »klappen« muss. Dass ich jemandem erst eine »faire Chance« geben muss, mich zum Kommen zu bringen. Eigentlich blöd, denn mit einem Vibrator hätte ich gleich beim ersten Mal einen Orgasmus, und das ist ja an sich schon ganz nett. Ich beraube mich folglich meines eigenen Glücks.

Darüber könnte ich hier lang und breit schreiben, aber ich kann auch einige kurze Tipps und Denkanstöße geben:

1. Wenn ihr ein Spielzeug einführen wollt, besprecht das zunächst außerhalb des Geschlechtsverkehrs, dann hat der:die andere genügend Raum, um Fragen zu stellen und sich vorzubereiten.
2. Wie schön wäre es, wenn sich mehr heterosexuelle Männer Vibratoren für ihr Zuhause kaufen würden, die sie dann ihren Sexpartnerinnen anbieten könnten? (Kauft einen Spielzeugreiniger und benutzt Kondome, wenn mehrere Personen beteiligt sind).
3. Demonstriert zuerst, wie ihr selbst mit dem Spielzeug umgeht, und überlasst es dann gegebenenfalls der anderen Person.

4. Benutzt Gleitgel.
5. Verreist ihr demnächst zusammen oder allein? Packt das Spielzeug ein, und vergesst nicht, bei der Gepäckkontrolle nervös zu lachen.

(In einigen Ländern ist es verboten, Sexspielzeug mit sich zu führen. Informiert euch also vor der Reise.)

Pubermuskeltier

»Aua, bitte nicht so fest.«

Kurz war es still, ich lag am Strand und hörte nur das Rauschen des Meeres und in der Entfernung spielende Kinder, doch schon bald ertönte wieder ein dumpfes, lautes Geräusch.

»Aua! Nicht so doll werfen, hab ich gesagt!«

Ich blickte von dem Buch auf, das ich las, und sah zwei junge Teenager, Bruder und Schwester, wie sich später herausstellte. Sie spielten eines dieser Strandballspiele, bei dem man einen Tennisball mit einem Klettverschluss-Schläger fängt. Das Mädchen war etwa zwölf Jahre alt. Sie war groß und blond, und ihre Körperhaltung wirkte genauso ängstlich wie ihr Blick. Ihren Bruder schätzte ich auf etwa vierzehn. Genauso blond, genauso groß, aber mit diesen pubertären Fit-For-Free-Muskeln und einem Gesicht voller Pickel.

Die Schwester warf den Ball sanft in einem kleinen Bogen zu ihrem Bruder, woraufhin dieser ihn erneut hart und unvermittelt zurückwarf. Wieder ertönte das laute, dumpfe Geräusch, als das Mädchen den Ball gerade noch abfing. Sie schaute noch erschrockener als zuvor. Ihr Blick schnellte von ihrem Bruder zu der Strandliege hinter mir, wo ihre Eltern zu sitzen schienen. Die sahen jedoch weder hoch, noch drehten sie sich zu ihr um. Der Junge begann nun, noch härter zu werfen. Er schien nicht einmal mehr auf ihren Schläger zu zielen, sondern zielte auf ihren Körper, denn der Ball traf sie an den Beinen, am Oberarm und an der Hand, mit der sie ihr Gesicht zu schützen versuchte. Das Mädchen, dieses verängstigte kleine Ding, rief jedes Mal mit einem unbehaglichen Lächeln im Gesicht, ihr Bruder solle doch bitte nicht so hart werfen. Aber er reagierte nicht.

Mein Herz pochte, und ich spürte, wie sich mir die Kehle zusammenschnürte. Ich erkannte mich in diesem kleinen Mädchen wieder. Wie sie sagte ich Nein und lächelte, wenn jemand meine Grenze überschritt. Wie sie hoffte ich, dass jemand mich retten würde, weil ich nicht glaubte, dass es mir allein gelingen würde, die andere Person zum Aufhören zu bewegen. Und jetzt, wo ich mich selbst in ihr sah, erschien mir das noch absurder. Warum hatte sie immer wieder so lieb zurückgeworfen? Warum waren wir nicht gemeinsam weggelaufen, hatten mit dem anderen geschimpft?

Aber dann sah ich wieder zu ihrem Bruder. Warum warf er so heftig? Der Ausdruck auf seinem Gesicht hatte beinahe etwas teuflisches. Je lauter sie »Nein« und »Stopp« rief, desto härter warf er und grinste dabei sogar. Es schien ihm Spaß zu machen, ihr wehzutun, ihre Grenzen zu missachten. Erschreckend. Irgendwann warf er so unglaublich hart, dass ihr Schläger in drei Teile zerbrach. Sie war verdammt noch mal im Urlaub in Curaçao, spielte an einem schönen Strand, und jetzt hatte er ihr alles kaputt gemacht.

Ich wurde stinkwütend. Ich wollte seine blöden pubertären Muskeln wie die Pickel auf seiner Stirn ausquetschen und ihn fragen, für wen ZUM TEUFEL er sich eigentlich hielt. Ich wollte sie umarmen und ihr sagen, dass so ein Verhalten nicht normal ist, fast schon psychopathisch. »Dein Bruder ist ein PSYCHOPATH, Mädchen.« Aber das habe ich mich nicht getraut.

Gemeinsam gingen sie zu ihrem Vater, der scheinbar erst jetzt bemerkte, dass er noch Kinder hatte.

»Haha, Papa, ich habe so hart geworfen, dass ihr Schläger zerbrochen ist!«

»Haha, echt, was du nicht sagst! Du musst ihn das nächste Mal besser festhalten, Fenna. Spielen wir eine Runde?«

Und damit stand er auf, ließ seine rot angelaufene Tochter zurück und spielte mit seinem Psychopathensohn mit den Resten des Schlägers.

Ich habe noch keine Kinder, weiß also nicht, wie es ist, Eltern zu sein, aber WAS FÜR EINE ERZIEHUNG ist das bitte?! Mir bricht schon jetzt das Herz für Fenna, die, wenn sie jemals zum Sex bereit ist, dieses Verhalten für normal halten wird. Und ich weine schon jetzt um all die Menschen, die eines Tages mit Pubermuskeltier im Bett landen.

Kindern das Konzept von Einvernehmlichkeit erst beizubringen, wenn sie sexuell reif sind, ist zu spät. Das Lernen, die Grenzen anderer zu respektieren und eigene zu setzen, beginnt schon viel früher und hat nichts mit Sex zu tun. Sex hingegen hat in jeder Hinsicht mit Grenzen zu tun.

»Was du nicht willst, das man dir tu, das füg auch keinem andern zu«

Ich muss etwas gestehen. Ich schäme mich so sehr dafür, dass ich es eigentlich lieber nicht tun würde. Lieber würde ich erzählen, ich habe Hämorrhoiden oder so was oder ich habe mir meine erste Geschlechtskrankheit eingefangen. Das kann selbst den Besten passieren. Aber nein, ich möchte erzählen, dass ich beim Sex die Grenze von jemand anderem überschritten habe. Und leider habe ich das nicht einmal währenddessen gemerkt, sondern erst zwei Jahre später.

Während ich das hier schreibe, habe ich gerade ein Jahr ohne Geschlechtsverkehr hinter mir. 399 Tage, um genau zu sein. Nicht, dass ich darüber Buch führen würde. Das »Jahr ohne Partnersex« liefert mir erstaunliche Einblicke in die Art und Weise, wie ich früher Sex hatte und wie meine Dates abliefen. So auch bei dem Date mit dem Mann, dessen Grenze ich überschritten habe. Etwas in mir war offen für eine ernsthafte Beziehung und dafür, die Dinge langsamer angehen zu lassen, aber ein anderer Teil von mir wollte einfach nur einen sexuellen Quick-Fix. Und schon war ich auf meinem Fahrrad auf dem Weg zum Date.

Ich war voll und ganz für Sex gewappnet. Unterwäsche: check. Kondome: check. Rasieren, um dem Schönheitsideal zu entsprechen, das ich eigentlich ablehne, von dem ich mich aber leider auch nicht freimachen kann: check.

Als ich ankam, ahnte ich sofort, dass er nicht der Mann meiner Träume sein würde. Aber sei's drum. Man lernt aus jedem Date etwas.

Ein paar Stunden und einige Gläser Whisky später fragte er, ob er mich küssen dürfe. Das heißt, er fragte, während ich meine Lippen einbalsamierte: »Darf ich deinen Lipgloss probieren?« Hahaha.

»Du darfst«, sagte ich und lachte.

Wir küssten uns eine Weile und schon bald begann ich, unaufgefordert seinen Körper zu berühren. Seine Körpersprache war eher zurückhaltend. Er initiierte keine Handlungen und kicherte ein wenig, als ich ihn berührte.

Zwar bemerkte ich das alles, aber trotzdem ging ich noch einen Schritt weiter. Ich kletterte auf seinen Schoß. Wir küssten uns immer noch, dann legte ich unaufgefordert meine Hand auf seine Erektion (über der Hose). Er bewegte sich leicht von mir weg, woraufhin ich es wieder tat.

Da hörte er auf, mich zu küssen, und sagte so etwas wie »ho, ho, ho«.

»Was ist denn?«, fragte ich.

»Ich möchte es ruhig angehen lassen«, sagte er mit einem unbehaglichen Lächeln im Gesicht.

»Warum?«, fragte ich ein wenig beleidigt.

»Wir haben es doch nicht eilig, oder?«, sagte er mit demselben Lächeln. »Ich möchte es mit dir langsam angehen lassen.«

Und dann … habe ich versucht, ihn zu überreden. Die Lippen leicht geöffnet warf ich meinen Körper in die Waagschale, und als das alles nichts half, war ich beleidigt. Verärgert packte ich nach einer Weile meine Sachen und radelte durch die menschenleeren Straßen Amsterdams wieder nach Hause.

Am nächsten Tag schrieb ich ihm per Whatsapp, dass ich es dabei belassen wolle, weil ich das Gefühl hätte, dass wir nicht genug Gemeinsamkeiten hätten. Das hatten wir auch nicht, aber das hatte mich auch nicht davon abgehalten auszuprobieren, ob es vielleicht sexuell klick machen könnte, obwohl ich genau wusste, dass er mich mochte und an einem ernsthaften Date interessiert war.

Ich schäme mich aufrichtig dafür, dass ich so lange gebraucht habe, um zu erkennen, dass ich diesen Mann genauso behandelt habe, wie viele Männer mich behandelt haben. Vor allem habe ich ihm, wie auch einige meiner Sexpartner mir, nicht gut genug zugehört, seine Körpersprache und seine verbale Sprache ignoriert.

Er war auf der Suche nach Liebe, ich nach Sex, das hätte ich klar kommunizieren müssen. Außerdem hoffe ich, nie wieder auf die Verletzlichkeit eines Mannes mit Verärgerung zu reagieren, denn auch diese gängige Reaktion führt dazu, dass Männer ihre Verletzlichkeit unterdrücken. Und dazu möchte ich auf keinen Fall beitragen.

Ich nehme dich einvernehmlich

Neulich habe ich ein Gespräch zwischen zwei Männern mitbekommen, in dem es darum ging, wer in einer Beziehung die sexuelle Initiative ergreift. Der eine Mann sagte, dass seine Frau eigentlich nie die Initiative übernehme. Hätten sie Sex, ginge das immer von ihm aus. Er sah dabei ein wenig traurig aus, als wäre er selbst ein bisschen schockiert darüber, jetzt, wo er es laut aussprach. Stimmte etwas nicht in ihrer Beziehung? Lag es an ihm?

Das hat mich zum Nachdenken gebracht. Bei mir ist es über vier Jahre her, dass ich das letzte Mal in einer Beziehung war und ein regelmäßiges Sexleben hatte. Vielleicht klingt es übertrieben, aber manchmal kann ich mir Beziehungssex wirklich nicht mehr vorstellen. Wie war das noch gleich? Wer hat angefangen? Wie hat es angefangen?

Woran ich mich aber erinnere, ist, wie mir bewusst wurde, dass ich zum ersten Mal in meinem Leben beim Sex die Initiative ergriff. Das hatte natürlich auch damit zu tun, dass ich mich zum ersten Mal sexuell stark zu jemandem hingezogen fühlte, aber sicher auch damit, dass er meiner Initiative Raum gab. So äußerte er zum

Beispiel, dass er Lust auf mich habe, oder nutzte ein nicht-körperliches Vorspiel in Form von Komplimenten oder intensivem Blickkontakt, aber überließ mir dann mitunter den eigentlichen Schritt zu Körperkontakt und Sex.

Es war eine Offenbarung für mich. Es war, als würde sich mir eine völlig neue sexuelle Welt eröffnen. Vorher dachte ich, dass ich mich nicht trauen würde oder ich keine Lust auf Sex hätte, aber es stellte sich heraus, dass mir schlicht der Raum fehlte, um den ersten Schritt zu machen. Und ja, die Macht der Anziehungskraft ist natürlich wichtig, aber vorher hatte ich gar keinen Raum, meine Begierde auszudrücken.

Wenn wir positiv denken, wir also nicht davon ausgehen, dass der Mangel an Initiative auf eine schlechte Beziehung zurückzuführen ist, gibt es Licht am Horizont. Denn nur, weil immer dieselbe Person die Initiative ergreift, heißt das nicht, dass der andere gegen seinen Willen Sex hat. Beide Partner können gleich viel Lust auf Sex haben, selbst wenn immer nur einer die Idee dazu hat.

»Wo liegt denn dann das Problem, Joy?«

Nun, es ist kein großes Problem, aber auf lange Sicht könnte sich der:die Initiator:in wundern, warum der:die Partner:in nie Initiative zeigt, und das würde sie:ihn verunsichern. Mein bescheidener Rat: Redet darüber.

»Ich merke, dass im Grunde immer ich die Initiative ergreife, und würde gerne herausfinden, wie es wäre, wenn wir das abwechselnd machen würden, wie siehst du das?« Das nur so als Beispiel, ihr könnt das natürlich nach Belieben abändern.

Als ehemaliger »passiver Part« kann ich jedenfalls sagen, wie viel ich über meine eigene Sexualität gelernt habe, als ich plötzlich selbst den Anfang machte. Zum Beispiel entdeckte ich, dass ich manchmal zwar Lust hatte, aber wenn der andere loslegen wollte, noch nicht ganz bereit war. Als ich dann selbst den Zeitpunkt bestimmte, spürte ich zum ersten Mal, wie es ist, wenn man körperlich und geistig hundertprozentig bereit für Sex ist und den anderen wirklich will. Das hat mir viel Selbstvertrauen gegeben.

Sexuelles Selbstbewusstsein gibt mir das Gefühl, eine Art Amazonengöttin zu sein, die verdammt genau weiß, was sie will, und es sich nimmt. Ich nehme. Mit Einverständnis natürlich. Ich nehme einvernehmlich.

Die Nachsorge kommt hinterher

Ich hatte bereits erwähnt, dass Menschen in offenen oder polyamoren Beziehungen in der Regel besser kommunizieren und fairer miteinander umgehen als Menschen in monogamen Beziehungen. Aber nun wurde mir plötzlich klar, dass es noch eine andere sexuelle Welt gibt, in der Menschen gut kommunizieren. Die wunderbare Welt des BDSM: Bondage und Disziplin, Dominanz und Unterwerfung, Sadismus und Masochismus. BDSM bezeichnet sexuelle und/oder erotische Handlungen, bei denen abwechselnde Machtausübung, intensive körperliche Empfindungen und körperliche oder sensorische Einschränkungen angewendet werden. Natürlich immer mit Zustimmung.

BDSM kann sehr intensiv sein. Wenn man Stunden in einer anderen Realität verbracht hat, in der die Machtverhältnisse anders sind als im Alltag und wenn man körperlich und/oder emotional erschöpft ist, kann der Übergang in die »normale Welt« ziemlich schwer sein. Menschen, die zum Beispiel während einer Sitzung extrem erregt sind, weil ihnen ins Gesicht gespuckt wurde, können sich nach der Sitzung plötzlich enorm wertlos oder beschämt fühlen angesichts dessen, was sie gerade noch geil machte. Auch die dominante Person kann sich plötzlich schuldig fühlen, weil sie die unterwürfige verletzt hat. Solche Empfindungen im Nachhinein sind völlig normal. Die Intensität von BDSM setzt eine Menge Endorphine und Adrenalin frei, die nach der Sitzung plötzlich »abfallen« können. Wenn ich von einem bestimmten Porno gekommen bin und von meinem Rausch runterkomme, möchte ich mir am liebsten auch Augen und Gehirn mit Seife auswaschen.

Um genau diesen Übergang zu erleichtern, hat man sich im BDSM-Bereich etwas Großartiges einfallen lassen: die sogenannte Aftercare oder Nachsorge. Bei der Nachsorge geht es in der Regel darum, dass die dominante Partei die unterwürfige Partei langsam wieder in die Realität zurückführt, aber es kann auch andersherum sein. Nachsorge kann darin bestehen, die Person wieder mit ihrem richtigen Namen anzusprechen, miteinander zu kuscheln, um den Oxytocinspiegel anzuheben, ihr eine Decke anzubieten oder etwas zu trinken und zu naschen zu geben. Aber auch gemeinsame Reflexion ist wichtig.

»Hast du noch irgendwo Schmerzen? Was hat sich gut oder schlecht angefühlt? Habe ich eine Grenze überschritten? Gibt es irgendetwas, das du in Zukunft nicht mehr machen oder unbedingt wiederholen willst?«

Es ist wichtig, im Vorfeld zu wissen, was beide sich für die Nachsorge wünschen. Hauptsache, alle Beteiligten stehen am Ende wieder mit beiden Beinen in der Realität.

Deshalb plädiere ich dafür, bei jeder Form von Sex Wert auf Nachsorge zu legen. Meiner Meinung nach ist das genauso wichtig wie ein gutes Vorspiel. Und für alle Gelegenheitssex-Praktizierenden da draußen: Nachsorge heißt nicht, dass man sich ein zweites Mal verabreden muss oder dass der andere bei einem übernachtet oder dass man verliebt ist, es heißt einfach nur, dass man sich respektiert. Man zeigt, dass man den anderen, auch nachdem man »bekommen hat, was man wollte«, als Mensch mit Gefühlen und Emotionen behandelt. Einfach kurz zusammen chillen und nett zueinander sein. Es ist völlig legitim anzukündigen, dass man gleich nach Hause gehen will oder man allein schlafen möchte, aber vorher noch eine Runde kuscheln will. Dann weiß jeder, woran er ist.

Bittere Enttäuschung

Jahrelang verfolgte mich eine bestimmte sexuelle Phantasie. Worum genau es sich handelte, ist nicht wichtig, aber wichtig ist, dass ich sie nie meinen Sexpartnern offenbarte. Ich hatte Angst, dass es die Art und Weise, wie sie mich sahen, für immer verändern würde, und außerdem hatte ich keine Lust, mein Verlangen zu erklären. Ich wollte, dass jemand auf wundersame Weise genau weiß, was zu tun und zu sagen ist, um meine Phantasie zum Leben zu erwecken. Das ist natürlich nicht passiert, denn so funktioniert das Leben (und vor allem der Sex) nicht.

So vergingen viele Jahre, in denen die Phantasie nur in meinem Kopf oder meinem Inkognito-Tab stattfand. Bis ich eines Tages in einer wirren Ovulationslaune Tinder öffnete und mein Blick auf jemanden fiel, dessen Biographie mir die Gewissheit gab, dass er dieselbe Neigung teilte wie ich. Eine Vermutung, die sich nach einigen Whatsapp-Nachrichten auch tatsächlich als zutreffend herausstellte. Zum ersten Mal hatten meine Phantasien einen Raum, in dem ich über sie sprechen konnte, ohne mich verurteilt zu fühlen. So geht es also auch, dachte ich erstaunt. Außerdem war es jemand, der wie ich auf Konsens bedacht war, sodass sich die ganze Umgebung wie ein geschützter Kokon anfühlte.

Nachdem wir eine Weile hin und her geschrieben und auch Sexting ausprobiert hatten, beschlossen wir, es einfach mal zu versuchen. In echt. Meine sexuelle Phantasie ausleben, bähm, einfach so. In meinem Haus. In meinem Bett. End-lich.

Was für eine bittere Enttäuschung. Echt jetzt. Wie sich herausstellte, war meine sexuelle Phantasie überhaupt nichts für mich. Das ging so weit, dass ich irgendwann sogar eine körperliche Abneigung gegen das empfand, was wir gerade taten.

»Mädchen, was in Teufels Namen tust du da?«, fragte ich mich die ganze Zeit.

Trotzdem brachte ich es zu Ende, soweit man Sex zu Ende bringen kann. Ich wollte einfach nicht einsehen, dass diese Art von Sex mir nichts gab. Vielleicht kommt die Geilheit ja noch, dachte ich. Ich hatte wohlgemerkt jahrelang davon geträumt, danach gesucht und die Idee davon genossen, aber die Erregung blieb aus.

Als ich ihn später in der Woche anrief, um ihm zu sagen, dass es doch nichts für mich sei, stellte sich heraus, dass es ihm genauso gegangen war, was ich persönlich sehr lustig fand. Zwei Menschen, die etwas tun, von dem beide denken: Das gefällt mir eigentlich doch nicht, und die es dann trotzdem tun, um ihrer eigenen Phantasie willen oder vielleicht um der Erwartung oder dem Vergnügen des anderen gerecht zu werden.

Übrigens bin ich alles andere als enttäuscht, dass wir es versucht haben. Dadurch habe ich vor allem eine große

Faszination für sexuelle Phantasien entwickelt. Fast jeder Mensch hat eine. Sie muss nicht extrem sein. Es kann ein Zungenkuss auf einer gut sichtbaren Bank im Park sein. Es kann aber auch extrem sein. Man kann sich noch so »abgefahrene« Dinge ausdenken, irgendwer steht bestimmt darauf. Man ist mit seinen sexuellen Wünschen so gut wie nie allein und es gibt immer irgendwo irgendjemanden, der schon mal einen Porno daraus gemacht hat.

Ich hätte nicht gedacht, dass sie sich so sehr von meiner Realität unterscheiden würden. Jetzt, nachdem ich es ausprobiert habe, bin ich komischerweise total von der Phantasie abgetörnt.

Die wichtigste Lektion, die ich gelernt habe, ist, wie wichtig es ist, offen und unvoreingenommen mit der möglichen Verwirklichung unseres Verlangen und der unserer Partner:innen umzugehen. Solange unsere Phantasien keine Menschen oder Tiere verletzen, keine Minderjährigen involviert sind und jeder seine uneingeschränkte und begeisterte Zustimmung geben kann, kann alles seinen Lauf nehmen. Und wenn nicht … belass es bei der Vorstellung. Dafür ist eine Phantasie ja da, sie muss nicht immer wahr werden. Hör auf meinen Rat.

Marie-Claire-Virus

In der Sekundarstufe gab es eine ziemlich große Kultur der Angst vonseiten unserer Schulleitung, wenn es um sexuell übertragbare Krankheiten ging. Als ich in der achten Klasse war, kam einmal eine junge Frau, etwa vierundzwanzig Jahre alt, in unsere Schule und erzählte uns im Namen der Stiftung STOP AIDS NOW! davon, wie sie sich als Sechzehnjährige bei ihrem ersten Mal mit HIV infiziert hatte. Beim ersten Mal.

Ihr hättet unsere Gesichter sehen sollen. Die ganze Aula voll mit Jugendlichen, die zu diesem Zeitpunkt in ihrem Leben an nichts anderes als an Sex dachten und daran, wie schön und geil und unschuldig er sein würde. All unsere Sexträume wurden jäh zerstört, schließlich konnte man sich schon beim ersten Mal mit HIV anstecken. Die Frau war blond, hatte blaue Augen, war heterosexuell und hieß Marie, Claire oder Chantal irgendwie so, und sie kam aus einem Dorf, von dem ich noch nie gehört hatte.

Ich konnte es mir nicht anders erklären, als dass sie das mit Absicht taten. So nach dem Motto: »Nein, nein, AIDS ist nicht nur was für Leute aus Dritte-Welt-Ländern, liebe Schüler! Auch ihr könnt es kriegen. Auch wenn ihr weiß seid. Auch wenn ihr heterosexuell seid und in den Niederlanden lebt.«

Ehrlich gesagt, glaube ich, sie haben gut daran getan, Marie-Claire-Chantal die Unschuld vom Lande einzuladen. Aufgrund der Bildsprache der AIDS-Prävention denken die Leute oft, dass AIDS unbehandelbar ist und nur hungernde Kinder betrifft, die man im Fernsehen sieht, und natürlich Homosexuelle. Hätte ein homosexueller Mann aus einem Hochrisikogebiet den Vortrag gehalten, hätte sich wahrscheinlich kaum jemand von uns angesprochen gefühlt.

Noch am selben Nachmittag schloss ich mich dem STOP AIDS NOW!-Team meiner Schule an. Ich habe wirklich keine Ahnung mehr, wozu dieses Team gut war, wir haben nie etwas gemacht, aber meine Angst, mich an einer Straßenecke irgendwo in Rotterdam-Ost bei irgendeinem privilegiert aussehenden Jan-Pieter mit HIV anzustecken, war so groß, dass ich alles lernen wollte, um mich vor dem Marie-Claire-Virus zu schützen. Der Plan meiner Schulbehörde ging also auf. Ich würde nie mehr einen Schwanz oder eine Muschi anfassen und hatte Angst. Angst vor Sex. Bis zu jenem Abend, an dem ich eine Folge von *Spartacus* sah und so pubertär geil wurde, dass ich noch in der gleichen Nacht meinen Keuschheitsgürtel durchtrennte und mich mit einer Besessenheit fingerte, wie sie nur Jugendliche haben können. Solange es meine eigene Muschi war, konnte es ja nicht schaden.

Meine Schule tat gut daran, einen Nachmittag der AIDS-Prävention zu widmen, das will ich gar nicht bestreiten. Ich glaube, wir notgeilen Jugendlichen brauchten diesen Weckruf, damit wir nicht in einer großen, kondomlosen Orgie in irgendeinem Schullandheim endeten.

Dennoch bin ich der Meinung, dass man neben der Angstmacherei vor Geschlechtskrankheiten und Schwangerschaften auch den Spaß am Sex vermitteln sollte. Etwa, was Lust angeht. Und wie man jemanden mit einer Vulva richtig fingert. Nur ein Scherz, aber es würde echt viel Fremdgehen ersparen, wenn man das in der Schule lehren würde.

Ob man mit Kindern über Sex redet oder nicht, schöne und schreckliche Geschichten eingeschlossen, sie werden es früher oder später ja doch tun. Und wenn man es ihnen nicht erzählt, werden sie online recherchieren und viele Dinge aus Pornos lernen, und das macht niemanden glücklich.

Also ja, lasst unbedingt alle Kinder die Marie-Claire ihrer Generation kennenlernen, damit sie jedes Mal, wenn sie später vor lauter Geilheit kein Kondom benutzen wollen, an diesen furchterregendsten Tag ihres Lebens zurückdenken. Bringt ihnen aber auch bei, dass Sex toll ist(!), dann werden sie beim Sex auch an schöne Dinge denken und nicht daran, eine Teenie-Mutter mit Chlamydien zu werden.

Schreckmoment

In meinem Leben hatte ich schon oft einen sogenannten *pregnancy scare*. Ich kenne keine treffende Übersetzung dafür, denn *Schwangerschaftsschreck* ist kein Wort und *Schwangerschaftsangst* hat wiederum mit Ängsten und Depressionen während der Schwangerschaft zu tun, und das ist absolut nicht das, was ich meine.

Ein *pregnancy scare* tritt auf, wenn man glaubt, schwanger zu sein, obwohl man das nicht will.

Ich persönlich verwende außer Kondomen keine anderen Verhütungsmittel. Ich habe die Pille von meinem fünfzehnten bis zu meinem einundzwanzigsten Lebensjahr genommen, bis ich mich irgendwann wie ein Masthuhn fühlte – platt, deprimiert und hochgezüchtet, und ich beschloss, sie abzusetzen. Die dunklen Wolken, die all die Jahre über mir hingen, verschwanden wie Schnee in der Sonne. Wenn ich daran denke, wie ich mich gefühlt habe, als ich die Pille genommen habe, mache ich mir Sorgen um all die Menschen, die ab der Pubertät auch die Pille nehmen und nicht mehr wissen, wer sie ohne diese zusätzlichen Hormone sind. Was mich allerdings nicht so glücklich macht, ist die ständige Angst, schwanger zu werden. Diese Angst hatte ich schon immer, dank des Aufklärungsunterrichts in der Schule, der mich extrem vorsichtig werden ließ. Als ich noch die Pille nahm, habe ich sie jeden Tag genau zur gleichen Zeit eingenommen, und wenn ich krank war und mich übergeben musste oder Durchfall hatte, habe ich ein Kondom benutzt, weil die Wirkung der Pille dann nachlässt. Ich kannte den ganzen Beipackzettel so ziemlich auswendig. Wenn jemand vorsichtig ist und Verantwortung übernimmt, dann bin ich das.

Meine Sexualpartner hingegen nicht immer. Manche Männer, vor allem horny Männer mit Erektionen und nichts als »Ich muss jetzt Schwanz in Vagina stecken« im Kopf, tun meine Vorsicht mitunter als übertrieben ab. Selbst dann, wenn ich meinen Eisprung habe und somit hochgradig fruchtbar bin.

Ihr würdet euch wundern, wie viele Männer das Kondom erst mit der Innenseite nach außen überziehen und dann das gleiche Kondom andersherum wieder überziehen. Meine Augen sehen dann: Dein Lusttropfen, deine Körperflüssigkeiten und Geschlechtskrankheiten und so weiter sind jetzt auf der Außenseite dieses Kondoms, mit dem du in mich eindringen willst. *Error.* Oder wenn jemand sich einen runterholt und dich dann mit derselben Hand fingern will, das nennt man Kreuzbestäubung. Oder wenn jemand nur gerade so in dich eindringt oder an die Tür klopft, ganz ohne Kondom. »Empfindest du das schon als bedrohlich?« Dann explodiert etwas in mir.

Dieses hauchdünne Stück Latex und mein eiserner Wille (denn hallo, ich bin auch enorm geil in diesen Momenten und finde Sex ohne Kondom auch viel schöner, und achte trotzdem darauf) sind die einzigen Dinge, die mich vor einer ungewollten Schwangerschaft schützen.

Selbst als ich vor einiger Zeit jemandem sagte, dass ich eine Woche überfällig sei, reagierte er so gelassen, dass es mich wütend machte. Als ob ich »einfach mal so« abtreiben würde, wenn ich schwanger wäre. Manchmal wünschte ich, ich könnte diese Angst vor einer Schwangerschaft mit diesen Männern teilen. Ich frage mich, ob sie dann immer noch so lax damit umgehen würden.

»Dann nimmst du doch die Pille danach?« Das letzte Mal, als ich die Pille danach genommen habe, weil irgendein erbärmlicher Arsch beschlossen hatte, mich ohne Kondom zu penetrieren, hatte ich achtzehn Tage lang meine Periode. Ja, achtzehn. Du kannst auch einfach vorsichtiger mit deinem Sperma sein. Das wäre die deutlich angenehmere Option.

Männer auf der ganzen Welt, ob in der Politik oder im Bett, entscheiden gerne mal Dinge über den weiblichen Körper, ohne zu wissen, wie er funktioniert und welche Folgen bestimmte Handlungen haben, die wir vornehmen, damit sie sich sorglos auf »jetzt Schwanz in Vagina« konzentrieren können. Und wenn wir dann trotz aller Vorsichtsmaßnahmen schwanger werden und in manchen Fällen abtreiben müssen, sind wir die einzigen, die mit Schmutz beworfen werden.

Das ist doch ziemlich bemerkenswert, oder?

Oh my God, fuck me harder

Ich habe mich oft genug in Situationen begeben, in denen ich für den anderen meine eigenen Grenzen missachtet und mich unwissentlich selbst traumatisiert habe. Aber zumindest eines haben diese Männer nie von mir bekommen: einen vorgetäuschten Orgasmus. Die Genugtuung oder den Triumph gönne ich ihnen nicht, nachdem sie einen minimalen und lustlosen Versuch unternommen haben, mich zum Höhepunkt zu bringen.

»Bist du gekommen?«

»Nein.«

Oha.

In dieses »Nein« lege ich all meine Macht. Und der Blick auf ihren Gesichtern bereitet mir dann nachträglich noch eine Art Mini-Orgasmus.

Ja, ich war sehr stolz darauf, dass ich wenigstens nicht so tief gesunken war, Orgasmen vorzutäuschen. Stellt euch das mal vor.

Dieses stolze Gefühl verschwand jedoch schnell, als ich eines Abends nichtsahnend durch meinen Instagram-Feed scrollte und auf einen Beitrag von einer meiner Lieblings-Instagramseiten zur Sexualaufklärung stieß, @CliterallyTheBest.

»Du hast bestimmt schon von vorgetäuschten Orgasmen gehört, aber kennst du auch schon #PerformativeReceiving?«

O Gott, da naht das Unheil.

»Performativer Sex bedeutet, so zu tun, als hätte man Spaß an sexuellen Handlungen, um dem(n) Partner(n) zu gefallen. Viele von uns denken währenddessen: *Hoffentlich stinke ich nicht?* oder: *Gefällt es ihm/ihr?* Das kann dazu führen, dass wir nicht in der richtigen Stimmung sind für einen Orgasmus, sodass wir am Ende nur noch so tun als ob, anstatt unserem(n) Partner(n) zu sagen, was wir empfinden.«

Na toll, eine genaue Beschreibung dessen, was ich tue. Nein, ich täusche keine Orgasmen vor, aber ich habe bestimmt mehr als einmal den Fehler begangen, etwas zu enthusiastisch zu tun und Laute von mir zu geben, die nicht aus tiefster Lust kamen.

Beim Masturbieren liege ich meistens wie eine verkrampfte und verschwitzte Garnele da. Das hat absolut keine Vorteile und völlige Entspannung würde sich um ein Vielfaches besser auf die Qualität meines Orgasmus auswirken, bla bla bla, ich weiß: Aber es ist momentan nun mal so.

Wenn ich mit jemandem Sex habe, versuche ich deutlich zu machen, dass das, was derjenige mit mir macht, mir gefällt. Außerdem bin ich mir bewusst, wie ich dabei aussehe. Ich habe einmal versehentlich in den Spiegel geguckt, als ich kam, und war so schockiert über meinen

Gesichtsausdruck, dass ich es nicht mal mehr bis zum Höhepunkt geschafft habe.

Ich wollte sexy sein, wie ich es von den Frauen in Pornos kannte, und so wurde aus der verkrampften Garnele eine verführerische Sirene. Eine Sirene, der es nicht mehr darum ging zu fühlen und zu genießen, sondern vor allem darum, das Ego des anderen zu streicheln. Es ist nicht so, dass ich eine Art Pornoshow daraus mache, aber es ist trotzdem ein Resultat des Pornoguckens, denke ich. Frauen im Mainstream-Porno tun das, was sie tun, damit ihr Publikum geil wird und kommt. Ihr Stöhnen und Räkeln dient der Unterhaltung und dem Vergnügen der Zuschauer:innen. In Porna zum Beispiel, ja richtig mit »a« am Ende, wo der Schwerpunkt auf dem Vergnügen der Frauen liegt, sieht man oft viel mehr körperliche Ruhe. Ich habe dann das Gefühl, dass sich die Darstellerinnen wirklich Zeit nehmen, selbst Lust zu empfinden, die dann nicht von lautem Stöhnen und »OH MY GOD, FUCK ME HARDER!« begleitet wird. Das ist erotisch und fühlt sich echter an.

Dieses kurze, stoßweise Atemholen aus dem Porno mit »o« am Ende wurde kurzerhand in unsere reale Welt übernommen. Dabei würden wir doch viel mehr von tiefen Atemzügen aus der unteren Bauchregion profitieren, damit die Garnele zumindest zum Seehund wird und der Höhepunkt zu einer ganzkörperlichen Erfahrung.

Sex ist keine Performance. Wenn wir uns bei unseren Partner:innen wohlfühlen und gegenseitiges Vertrauen besteht, dass jeder auf seine Kosten kommen soll, verschwindet das Bedürfnis nach performativem Verhalten.

Und genau hier, in diesem hässlichen, animalischen, schweißtreibenden Kern liegt das ultimative Vergnügen verborgen.

Nicht meine Schuld

Manche Leute denken aufgrund meiner Geschichten, dass ich nur mit schmierigen, miesen und gefährlichen Typen ins Bett gehe, die ich im Abfallcontainer des Burger King Leidseplein in Amsterdam gefunden habe.

»Warum in aller Welt duldest du solchen Abschaum in deinem Bett?«

Aha.

Der »Witz« ist, dass es stimmt. Auf dem Papier sind diese Männer tatsächlich Abschaum. Ich verstehe total, wenn ihr meine Geschichten lest und denkt: Herrjemine. Ich kann gut verstehen, dass ihr eurer Phantasie freien Lauf lasst und den Männern in meinen Geschichten ein abstoßendes Gesicht verpasst. Das würde ich wahrscheinlich auch tun.

Leider muss ich all diejenigen enttäuschen, die interessanterweise mir die Schuld geben.

Die abstoßenden Männer aus meinen Geschichten sind mitunter Schauspieler, die ihr jede Woche in eurer Lieblingssendung seht. Es sind Männer, die in großen Theatern für einen vollen Saal sorgen, und Männer, mit denen ich siebenundachtzig gemeinsame Instagram-

Freund:innen habe. Es sind Freunde, Klassenkameraden, Kollegen, der Barkeeper, dem ich jeden Tag im Theater begegne, ein Veganer, ein junger Vater mit süßen Fotos seines Kindes auf Instagram, ein Finanzberater, weiße Männer mit blauen Augen. Alles Männer, die man als den »idealen Schwiegersohn« bezeichnen könnte.

Auf den ersten Blick sind es nette Männer. Einer von ihnen bezeichnete sich in einem Interview neulich sogar als Feminist. Und genau das ist das Problem. Leute denken oft, dass Männer, die Grenzen überschreiten oder heimlich ein bisschen ausreizen, alle aussehen, als wären sie gerade aus dem Gefängnis entkommen. Dem ist aber nicht so. Sie tragen Krawatten und helfen älteren Damen über die Straße. Sie sind charmant, und wahrscheinlich würde mir niemand glauben, wenn ich mit dem Finger auf einen von ihnen zeigen würde.

»Er?!«

Ja, er.

Hinzu kommt, dass diese Männer in neun von zehn Fällen glauben, nichts falsch gemacht zu haben, weil ihnen nie beigebracht wurde, dass ihr Verhalten falsch ist. Ein bisschen die Grenzen ausreizen, keine Einwilligung einholen, ein paar Mal etwas falsch machen und hoffen, dass es nicht auffliegt (sofern es sie überhaupt jucken würde). Das gehört alles dazu. Das ist Sex. Es ist schockierend, wie viele Frauen mit vermeintlich idealen Schwiegersöhnen im Bett landen, die – huch! – unter dem Deckmantel von OPEN-MINDEDNESS und »Das ist doch gei-heil« plötzlich ihren Schwanz ungefragt in ihren Anus stecken, um dann am nächsten Morgen einfach so ihre anständigen Klamotten anzuziehen, ins Büro zu gehen und keinen Gedanken an die Frau zu verschwenden, die sich jetzt ultrabeschissen fühlt, weil dieser »scheinbar nette Mann« plötzlich mit seinem ganzen Penis in ihrem Anus steckte.

Grenzüberschreitendes Verhalten ist in einem Maße normalisiert, dass jeder im eigenen Umfeld jemanden kennt, der sich dessen schuldig gemacht hat. Das kann ich garantieren.

Dass mir dann vorgeworfen wird, ich sei »so dumm, ständig mit solchem Abschaum ins Bett zu gehen«, ist *victim blaming*. Es ist nicht meine Schuld. Ich habe eine Vielzahl an Therapiestunden hinter mir, um wenigstens das laut und deutlich schreiben zu können: nicht meine Schuld.

Dass ich komplett dicht mache, wenn es passiert, und mich manchmal nicht traue, etwas zu sagen, weil ich, seit ich als Jugendliche von einem zweiunddreißigjährigen Mann missbraucht wurde, ein sexuelles Trauma habe, ist etwas, woran ich arbeiten kann. Wir geben nicht auf, meine Psychologinnen und ich.

»Warum gehst du mit solchem Abschaum ins Bett?« ist eine schmerzhafte, aber überaus typische Frage in unserer Gesellschaft. Als ob jemand jemals wissentlich das Bett mit einem Mann teilen würde, von dem man denkt: »Der wird meine Grenzen sowieso überschreiten.«

Untersuchungen des niederländischen Opferhilfe-Fonds zeigen, dass in über achtzig Prozent der Fälle sexueller Gewalt der Täter ein Bekannter des Opfers ist und nicht irgendein unheimlicher Mann, der im Park aus dem Gebüsch springt.

Warum machen so viele Männer immer wieder das Falsche? Das wäre eine Frage, die wir uns öfter stellen sollten.

In der Puppenecke

Ich kann mich noch gut an die Puppenecke in meinem Kindergarten erinnern, in der ich mal mit vier Jungs spielte. Anscheinend räumten wir danach nicht gut genug auf und bevor wir in der Pause nach draußen durften, mussten wir das nachholen (was ich ziemlich hart finde, so kleinen Kindern den einzigen Moment an der frischen Luft zu nehmen).

Als alle draußen waren und wir, fünf Kinder im Alter von vier Jahren, aufgeräumt hatten, beschlossen wir, in der Puppenecke unsere Geschlechtsteile miteinander zu vergleichen. Wir saßen im Kreis und die Jungen holten blitzschnell ihre Penisse aus der Hose. Ich hielt meine Mini-Vulva ein wenig unter meinem Rock versteckt.

»Hm, was hast du denn da?«

»Was?«

»Das hat meiner nicht, dir fehlt da was.«

Alle schauten erstaunt auf den Penis des Jungen, der, wie ich heute weiß, beschnitten war. Ich machte sowieso große Augen, weil ich noch nie so viele Pimmel gesehen hatte.

»Was hast du, Joy?«

Als ich aufstand, um meinen Rock auszuziehen, kam

gerade die Hausmeisterin vorbei. Mein Kopf ragte aus der Puppenecke, sie sah mich und dachte wohl: Was macht dieses Kind noch drinnen, wo doch alle draußen an der frischen Luft sind? Ich hingegen hatte sie nicht kommen sehen und war gerade dabei, meinen Rock hochzuziehen, als sie den Gruppenraum betrat. Fünf halbnackte Vorschulkinder in einem Kreis in der Puppenecke zu entdecken muss wirklich absurd ausgesehen haben.

»Mein Gott! Was macht ihr denn da?! Zieht euch sofort wieder an!«

Wir fühlten uns ertappt und waren so überrascht, dass wir uns nicht trauten, etwas zu sagen.

»Das ist nicht erlaubt, hört ihr? Macht das nicht noch einmal!«

Ich war vier Jahre alt und verstand wirklich nicht, warum sie so wütend wurde, aber ihre Reaktion ließ mich sofort denken: Das ist nicht erlaubt, ich schäme mich. Aber warum eigentlich? Keine Ahnung.

Um ehrlich zu sein, hätte ich an ihrer Stelle im Jahr 1998 vermutlich dasselbe getan, denn was um Himmels willen soll man in so einer Situation sagen? Aus ihrer Erwachsenenperspektive war es zweifellos ein sexueller Akt, aber wir wussten damals überhaupt nicht, was Sex ist. Wir wollten wie die meisten Kinder in dem Alter einfach nur ganz unschuldig wissen, was sich in der Hose oder unter dem Rock des anderen verbirgt, also haben wir es wieder gemacht, aber nur, wenn wir bei einem Klassenkameraden zu Hause spielten, dessen Mutter uns nicht im Blick behielt.

Kinder entdecken ihren eigenen Körper und den von anderen viel früher, als man denkt. Dennoch dauerte es weitere sieben Jahre, bis wir in der sechsten Klasse unseren ersten Sexualkundeunterricht hatten. Darin lernten wir, wie man schwanger wird, und sprachen danach nie wieder darüber und dass obwohl wir schon damals Mädchen mit kleinen Brüsten und Jungs mit Stoppelbärten waren und unsere Hormone verrückt spielten. Zum Glück werden heutzutage an immer mehr Schulen auch Kleinkinder aufgeklärt, indem sie zum Beispiel lernen, wie sie ihre Grenzen aufzeigen und die anderer respektieren, dass es in Ordnung ist, sich selbst zu berühren (denn das tun Kleinkinder auch), aber nur, wenn man allein ist. An einer Puppe zeigt man ihnen, wo man von einem Fremden angefasst werden darf und wo nicht.

Wenn man »Sexualaufklärung« und »Kleinkinder« in einem Satz nennt, stößt das bei Leuten oft auf heftigen Widerstand, dabei ist es von entscheidender Bedeutung, dass wir kleinen Kindern, die eine unangenehme (oder angenehme!) Erfahrung noch nicht in Worte fassen können, beibringen, was richtig ist und was nicht. Wir sollten auch sofort damit aufhören, Kinder zu zwingen, dieses oder jenes Familienmitglied zu umarmen oder zu küssen, wenn sie es nicht wollen. Vielmehr sollten wir sie spüren lassen, dass ihre Grenzen respektiert werden und wir das Bauchgefühl eines Kindes, das nicht umarmt werden möchte, ernst nehmen.

Wenn wir schon als Kinder lernen, auch in nicht-sexueller Hinsicht Grenzen zu setzen und die anderer zu respektieren, wird es uns viel leichter fallen, dies später im Leben anzuwenden, wenn wir wirklich bereit für Sex sind – es würde uns viel Schaden ersparen.

Haben wir überhaupt noch Lust?

Gerade befinde ich mich in einer Phase, in der ich sehr wenig Lust auf Sex habe. Es gibt aber auch Phasen, etwa fünf Tage in meinem Zyklus, an denen ich alles und jeden bespringen will und mein Gehirn die Geilheitssignale sofort an meine Vulva weiterleitet, die dann zum Beispiel sehr leicht feucht wird. An diesen Tagen treffe ich Entscheidungen, die ich an allen anderen Tagen des Monats entsetzlich finden würde.

Neulich zum Beispiel habe ich mich bereit erklärt, zur Präsentation der neuen Ausgabe eines Modemagazins zu gehen, und zwar ALLEIN. Nun unternehme ich zwar viel allein, ich fahre alleine in den Urlaub oder gehe alleine essen, aber zu einer High-Fashion-Party mit lauter berühmten Influencer:innen zu gehen, die ich nicht kenne und die sich alle untereinander kennen: Das ist wirklich meine persönliche Hölle. Nicht weil ich diese Leute für dumm halte, sondern weil ich die größte Angst habe, mich in neue Gruppen zu begeben.

Mobbing-Vergangenheit und so.

An sich ist es nicht weiter verwunderlich, dass ich im Moment nicht viel Lust auf Sex habe. Das könnte mit mehreren Dingen zu tun haben:

- Stress, weil ich ein Buch schreibe und das für mich völliges Neuland ist
- Müdigkeit, weil ich ein Buch schreibe und das für mich völliges Neuland ist
- Chaos im Kopf, weil ich ein Buch schreibe etc. pp.
- Weil ich ein Jahr enthaltsam gelebt habe und den besten Sex aller Zeiten mit mir selbst hatte
- Weil ich nach dem Jahr wieder Sex mit Männern hatte und es mir nicht wirklich gefallen hat, woraufhin ich dachte, pff, so nötig kann es nicht sein, wenn ich es mir selbst besser machen kann
- Weil ich unfähig bin, mich zu entspannen. Wegen dem Buch. Und dem Leben.

Seltsamerweise bringt mich der Gedanke ins Schwitzen, mich bezüglich meiner Lust zu outen. Die Vorstellung, dass jemand, mit dem ich mich vielleicht verabreden möchte, herausfindet, dass ich momentan nur an fünf Tagen im Monat so wirklich geil bin, macht mich nervös. Ich habe Angst, dass es Leute abschreckt.

Ich kenne zum Beispiel eine Frau, die eigentlich immer Lust auf Sex hat. Sie könnte heute einen Termin in zwei Wochen vereinbaren und würde an dem Tag noch immer Sex haben wollen! Ich habe zweimal den Fehler gemacht, eine Verabredung zum Sex in der Zukunft zu vereinbaren, und beide Male war ich zum Zeitpunkt der Verabredung schon nicht mehr geil und hatte keine Lust mehr. Ich hatte trotzdem Sex.

Ich bin immer neidisch auf Frauen, die ständig Sex haben können und es auch genießen. Denn ja, ich kann oft Sex haben, aber meistens empfinde ich dabei nichts. Als ob meine Klit ausgeschaltet ist und mein Körper jede Empfindsamkeit verloren hat. Hat man einmal zu oft Sex mit ausgeschalteter Klitoris gehabt, hat man danach erst recht keinen Bock mehr.

Die Frage ist nur, habe ich wirklich keine Lust auf Sex oder nur nicht auf den Sex, den ich gewohnt bin? Mit anderen Worten: Sex ohne Orgasmen, Sex ohne Vorspiel oder mit zu wenig Vorspiel. Sex, bei dem der Fokus nicht auf meinem ganzen Körper liegt, sondern nur auf meiner Vulva oder nicht selten nur auf meiner Vagina.

Für die meisten Männer und Menschen mit einem Penis ist Sex fast immer gleichbedeutend mit einem Orgasmus, sie werden praktisch immer belohnt, wenn sie Sex haben. Wenn man sie also fragt, ob sie Lust auf Sex haben, fragt man indirekt nach der Lust auf diese Belohnung. Ihr Gehirn weiß: Sex = Orgasmus. Die Frage »Hast du Lust auf Sex?« bedeutet also: »Hast du Lust auf diese Belohnung?«

Vielleicht ist es so, wie wenn man einen Hund trainiert, indem man ihm immer ein Leckerli gibt, wenn er etwas richtig macht. Er versteht nicht, was genau er richtig gemacht hat, aber die Belohnung spornt ihn an, es weiterhin zu tun.

Aber für mich und viele andere Frauen und Menschen mit einer Vulva ist Sex überhaupt nicht gleichbedeutend mit einem Orgasmus. Wir haben uns durch (wiederholten) schlechten Sex an die Formel Sex = Penetration gewöhnt. Oder Sex = Lust vortäuschen, Sex =

angenehm, Sex = Intimität, Sex = in meine Beziehung investieren.

Natürlich können all diese Dinge auch für Männer und Menschen mit Penis gelten. Ich sage nicht, dass sie *nur* Sex haben, um zu kommen, aber all diese Optionen beinhalten bei ihnen (normalerweise) auch diese Form der Belohnung.

Für die Vulvagruppe, die Sex mit der Penisgruppe hat, ist das also nicht immer gleichbedeutend mit einem Orgasmus. Bei mir ist das eigentlich nie der Fall. Seit 2017 hatte ich ein einziges Mal einen Orgasmus mit einem Partner. Das sind, während ich das hier schreibe, fünf Jahre, in denen ich mit zehn Männern Sex hatte. Ich war noch nie gut im Rechnen, aber wenn man das alles zusammenzählt, ist es echt ein Wunder, dass ich überhaupt noch Sex mit Männern habe.

Wenn mich jetzt, in diesem Moment, jemand fragen würde: Joy, hast du Lust auf Sex?

Dann wäre meine Antwort: Nein.

Aber wenn mich jemand fragen würde: Joy, hast du Lust auf einen Orgasmus?

Dann wäre meine Antwort: Wo und wann?

Ich habe fast immer Lust auf einen Orgasmus. Auch wenn ich gestresst bin, meine Tage habe oder wütend bin. Schließlich macht ein Orgasmus all diese Dinge besser. Meine gute alte Womanizer ist noch immer meine beste Freundin.

Aber wenn ich *sehr wohl* Lust auf einen Orgasmus habe, ist das dann das Penisäquivalent von Sex-habenwollen? Wenn mein Gehirn jedes Mal, wenn ich Sex habe, eine Belohnung bekäme, würde sich dann mein momentanes Verlangen nach einem Orgasmus in ein Verlangen nach Sex verwandeln? Können wir die Lust auf Sex bei Männern und Frauen, wenn wir es so binär betrachten wie in den vorliegenden Studien, überhaupt miteinander vergleichen, wenn Sex nicht dasselbe für beide bedeutet und nicht gleichwertig ist? Das Ergebnis, dass Männer generell mehr Lust auf Sex haben als Frauen, meine ich. Ich würde nur zu gern wissen, wie viel Lust Männer noch auf Sex hätten, wenn sie, wie ich, fünf Jahre lang beim Sex nicht gekommen wären.

Übrigens, falls ihr jetzt denkt: Meine Güte, beim Sex geht es doch nicht nur um den Orgasmus? Es geht doch auch um Begehren und Genuss?

Dann sage ich: Natürlich! Aber ich sage auch: Klappe halten, denn ich versuche, hier einen wichtigen Punkt anzusprechen. Es geht darum, wie verdammt ungerecht es ist, dass der eine im Restaurant immer das üppige Menü mit extra Beilagen und unbegrenzt Wein serviert bekommt und die andere nur die wässrige Hühnersuppe. Und das jedes Mal, wenn man dort essen geht. Warum sollte man dann überhaupt noch in dieses Restaurant gehen?

Wow! Habe ich eigentlich in Wirklichkeit große Lust auf Sex?

Ich glaube … schon?

Wenn Sex mit einem Orgasmus einhergeht, dann ja.

Wenn ich sehr verliebt bin und mit dem anderen verschmelzen will, dann ja.

Wenn mir langweilig und meine Vibratoren aufgeladen sind, dann ja.

Wenn Sex ein Akt mit einem Fremden ist, bei dem ich nichts fühle und der in erster Linie in der Penetration besteht, dann nicht.

Verdammt, ich glaube, ich habe etwas Wichtiges in meinem Kopf gelöst. Ich weiß nicht genau, was, aber ich habe es endlich verstanden.

Nachsorge

An alle, die Sex lieben oder lernen wollen, ihn zu lieben: Am Ende kommt alles gut.

Alles Liebe,
Joy